特別支援教育サポートBOOKS

学びにくさのある子 応援

学習支援 BOOK

学習の基礎
基本の国語・算数

井阪 幸恵 著

明治図書

はじめに

　学校では，一人一人個性のある，また特性の違った子どもたちが過ごしています。最近は，新型コロナウイルス感染症の影響で，社会生活を制限されたり，マスク生活で十分に会話ができなかったりといった生活を越え，発達に影響があったとの研究が発表されました。さらに，全国的に通級指導教室が増える傾向にあるようです。初めて通級指導教室を担当される方も多いと耳にします。そのような状況の中で，指導する立場として，悩んだり迷ったりする場面が多くあるのではないでしょうか。

　筆者は，若い先生方と会話していて，
「これでよかったのですね。安心しました」
「一人で考えていたら，悩むばかりで…お話をすることができてよかったです」
とお返事をいただくことがよくあります。今回，『学びにくさのある子★応援　学習支援 BOOK』を執筆させていただくことになり，先生方の悩みや不安に，少しでもお役に立てたらと考えています。

　筆者は，現在，通級指導教室担当ですので，そこでの取り組みの紹介が中心となります。中には，通常の学級担任時，特別支援学級担任時に行っていた取り組みもあります。そのため，これらの取り組みは，通級指導教室ばかりでなく通常の学級や特別支援学級でも参考になる内容になります。

　効果的な指導を行うためには，子どもを見取るためのアセスメントが欠かせません。さらに，必要に応じて寄り添ったり，支援したりするほか，子ども自身を成長させ，自立に導かなければならないのです。学習指導要領に照らし合わせながら，関わる子どもに何を身につけさせるのかを考え，教材準備をします。そして，常に評価を重ね，よりよい対応，よりよい指導を続け

ていくことになります。その対応，指導のアイデアを具体的にお示ししてまいります。

　なお，子どもの見取りは幅広いです。筆者は，「まず身体から」の視点を大切にし，運動面の基の力，さらに認知機能（学習の基の力）や社会性の基の力についても，アセスメントし，実態把握をして指導をします。今回は，それらの土台の力の上にある，学習そのものへの支援について，をテーマとしています。指導には，アセスメントや，それに基づく実態把握，そして「基の力」の育成も欠かせないことをここで確認させていただいた上で，今回の学習支援のための指導のアイデアをお伝えしてまいります。

　また，本書の執筆にあたって，弱みや苦手さという視点で書かせていただきました。子どもの強みを生かす指導は，とても大切です。一方で，弱みや苦手さを知って力をつけることは，その子どもの自尊感情を向上させ，将来の自立につなげるために大切な指導になります。今回，弱みや苦手さに視点を置いたのは，子どもの自立に向けて指導する一助となれば，との思いからです。どうぞご理解をよろしくお願いいたします。

　上述しましたが，子どもたちは一人一人違います。できるだけたくさんの取り組みを紹介させていただきますので，参考にしていただき，さらに関わる子どもたちに合わせてアレンジし，ご活用ください。

　本書が，先生方の参考となり，安心につながるものになれば幸いです。

著者　井阪 幸恵

CONTENTS

はじめに　002

第1章
学びにくさのある子どもへの**学習支援のポイント**

- **01** 気づこう，子どもの苦手さとその理由 ……………………………………010
- **02** 苦手さのある子どもへの国語の学習支援のポイント …………012
- **03** 学びにくさのある子どもへの算数の学習支援のポイント ……014

第2章
学びにくさのある子どもへの**学習支援アイデア**

学習の基礎

- **01** 体幹調整で姿勢・書き・集中をよくするために
  つま先かかと歩き …………………………………………………018
- **02** 体幹調整で姿勢・書き・集中をよくするために
  ケンケンパ・クモの巣くぐり ……………………………………020
- **03** 体幹調整で姿勢・書き・集中をよくするために
  ランダム読み・数字タッチ・目の体操 ………………………022
- **04** 正しい書きを習得するために
  正しい発音 …………………………………………………………024
- **05** 聞こえ方を理解するために
  聴覚認知レベルアップ作戦 ………………………………………026
- **06** 話す難しさを和らげるために
  話すことショートステップ ………………………………………028
- **07** 社会性の基本を身につけるために
  がまんもだいじ・おしずかに ……………………………………030
- **08** 指導の効果を上げるために
  教室環境と時間設定の構造化 ……………………………………032

09 子どもに安心を与えるために
行動理解と適切な対応 ……………………………………… 034

10 子どもに安心を与えるために
学習ルールの指導 …………………………………………… 036

国 語

11 書くことの弱さを改善するために
体性感覚を生かして，なぞり書き ……………………… 038

12 ひらがな習得のために
あいうえお表音読 …………………………………………… 040

13 ひらがな習得のために
読み練習のパワーポイント教材 ………………………… 042

DOWNLOAD 14 特殊音節を習得させるために
特殊音節を感じる動作化・視覚化 ……………………… 044

DOWNLOAD 15 のばす音の習得のために
常時掲示で常に意識！ …………………………………… 046

16 ひらがなとカタカナを一緒に覚えるために
めくるとひらがなが出てくるカタカナ表 …………… 048

17 ひらがなやカタカナを覚えるために
ひらがな・カタカナ表を使って書く活動 …………… 050

18 漢字をパーツで覚えるために
タングラムトレーニング ………………………………… 052

19 視覚認知の弱さを補うために
漢字のパーツ覚え …………………………………………… 054

20 視覚認知の弱さを補うために
漢字の間違えやすいポイント覚え ……………………… 056

21 書くことにストレスを感じやすい子どものために
反復練習しない覚え方 …………………………………… 058

22 漢字テストに自信をつけるために
バラバラヒントありテスト ……………………………… 060

CONTENTS　005

DOWNLOAD ㉓ 知っている漢字，読める漢字を増やすために
漢字ランダム読み ································ 062

DOWNLOAD ㉔ 知った熟語を書いて覚えるために
ヒントあり／ヒントなし漢字書き取り練習 ·········· 064

㉕ 漢字を黙読で意味読みする子どものために
正しい読みとは何か？ ··············· 066

㉖ ワーキングメモリの弱さを支えるために
漢字の少しずつ＆繰り返し練習 ··········· 068

㉗ 流暢に読むために
マルチメディアデイジー教科書の使用 ········· 070

DOWNLOAD ㉘ 流暢に読むために
鉛筆でなぞる，書き写す ·············· 072

㉙ 流暢に読むために
スリット利用や指押さえ支援 ············ 074

㉚ 言葉の決まりを理解するために
これあれそれゲーム ················ 076

㉛ 主語・修飾語・述語を理解するために
誰が何をどうしたゲーム ·············· 078

㉜ 言葉の決まりを理解するために
助詞指導 ·················· 080

DOWNLOAD ㉝ 音韻認識を育てるために
聞き取りトレーニング ··············· 082

DOWNLOAD ㉞ 語彙力を育てるために
言葉みつけ，言葉つなぎ，言葉のまとまり ·········· 084

DOWNLOAD ㉟ 語彙力を育てるために
名文の書き写し＆暗唱 ··············· 086

㊱ 語彙力を育てるために
家族で会話・ニュースで会話 ············ 088

算　数

37 数量感覚を育てるために
おはじき・タイルトレーニング ………………………… 090

38 数量感覚を育てるために
2とび，5とび，10とびで100まで数え ……………… 092

39 数量感覚を育てるために
位取りジャンプ ………………………………………… 094

40 数量感覚を育てるために
九九ケンケン …………………………………………… 096

41 数量感覚を育てるために
位取り表掲示 …………………………………………… 098

DOWN LOAD **42** 数量感覚を意識しながら計算手順を理解するために
数かぞえ ………………………………………………… 100

43 数の呼び方のいろいろを知るために
数カードゲーム ………………………………………… 102

DOWN LOAD **44** 繰り上がり足し算，繰り下がり引き算の習得のために
10はいくつといくつ？ ………………………………… 104

45 10はいくつといくつを感じ取るために
数を表す指サイン ……………………………………… 106

46 速度の学習につなげるために
アナログ時計 …………………………………………… 108

47 線を引くことの技術習得のために
1年生からの「ものさし」指導 ……………………… 110

DOWN LOAD **48** 計算速度を上げるために
思考を視覚化した矢印計算 …………………………… 112

DOWN LOAD **49** ワーキングメモリの弱い子どものために
筆算でも矢印計算 ……………………………………… 114

50 九九習得のために
ひらがな書き九九 ……………………………………… 116

CONTENTS　007

DOWN LOAD

51 九九習得のために
かけ算の決まり ………………………………………… 118

52 算数言葉の習得のために
意外と難しい算数言葉の音読 ……………………… 120

53 算数の論理思考を支援するために
かけ算筆算☆あの手この手 ………………………… 122

54 算数の論理思考を支援するために
わり算筆算☆あの手この手 ………………………… 124

55 算数の論理思考を支援するために
10倍，10分の１は位取り表でイメージ ……… 126

56 算数の論理思考を支援するために
算数用語の掲示 ……………………………………… 128

57 算数の論理思考を支援するために
図形の面積，体積の求め方掲示 ………………… 130

58 算数の論理思考を支援するために
分数の通分手順の掲示 ……………………………… 132

59 算数の論理思考を支援するために
線分図，数直線の利用 ……………………………… 134

60 算数の論理思考を支援するために
助詞の意識化 ………………………………………… 136

61 ワーキングメモリの弱さのために
掲示を手がかりにしたテスト支援 ……………… 138

62 算数の理解を進めるために
学習の系統性への理解 ……………………………… 140

おわりに　　142

第 1 章

学びにくさのある子どもへの
学習支援のポイント

01 気づこう，子どもの苦手さとその理由

子どもは一人一人困っていることが違う

　教室にいる子どもたちは，それぞれに個性があります。一人一人顔も違えば，得意なことも苦手なことも違います。

　例えば，なかなかじっとできないAさんとBさんを比較してみましょう。Aさんは，じっとしていられず，おしゃべりも我慢ができません。気になることにどんどん気を取られ，課題に取り組めずにいます。一方，Bさんは，もぞもぞと動いて，すぐに離席してしまいます。すると，周りのことが気になり，Aさんと同じく，課題に取り組めずにいます。

　どちらも同じように，じっとできないために課題に取り組めずにいるのですが，その原因は同じでしょうか。実は，全く違う原因で，結果が同じになっているのです。

　まず，Aさんは，とても多動で衝動性も強い傾向にあります。抑制が利いていないために，目や耳から入ってくる情報に反応してしまうのです。一方，Bさんは，姿勢を保つ力が弱く，じっと座ることができないのです。体幹の調整がうまくできないために動いてしまい，他の刺激が入ってきて課題に集中できなかったのです。

　このように，なかなかじっとできないために課題に取り組めないという苦手さは同じでも，原因は違うことが多いのです。そして，その原因に気づき，適切に支援・指導することが，子どもを伸ばすカギと言えるのです。

子どもの苦手さとは？

　文部科学省の定義が分かりやすいです。「学習障害とは，全般的に知的発達に遅れはないが，『聞く』『話す』『読む』『書く』『計算する』『推論する』といった学習に必要な基礎的な能力のうち，一つないし複数の特定の能力についてなかなか習得できなかったり，うまく発揮することができなかったりすることによって，学習上，様々な困難に直面している状態をいいます」とあります。このように，特定の能力に弱さがあると，他のことが「できる」ために，「さぼっているのではないか」と勘違いされ，場合によっては叱られることもあるかもしれません。

　また，ADHDや自閉スペクトラム症，DCDのように診断を受けなくても，その傾向があり，特性のある子どもたちも，理解されなければ注意を受ける対象となります。

　子どもが「できないことがある時」「よくない行動をする時」には，必ず原因があります。それが，子どもを取り巻く環境である場合もありますが，多くは，子ども自身の「苦手さ」が影響しているのです。

気づくことから始め，対応や指導の方法を知ろう

　子どもの苦手さに気づくこと，適切な支援・指導につなげることは，子どもたちの安心につながります。「先生が分かってくれる」「先生に任せておけば大丈夫だ」と元気になっていきます。すると，先生も元気になります。

　そのために，子どもをよく見取りましょう。どういった視点で見ていくのか，そして，どのように対応していくのか，を第2章で紹介していきます。常に，子どもを正しく見取り，支援・指導することで力を伸ばし，さらに評価をすることで力を向上させましょう。

　それが，先生方のスキルアップになることは間違いありません。

第1章　学びにくさのある子どもへの学習支援のポイント　011

02 苦手さのある子どもへの国語の学習支援のポイント

感覚・知覚・認知の視点を知ることが大事

　特に，小学校に入学して間もない1年生は，一人一人の発達がまちまちで，個人の中での発達のばらつきも大きいです。その弱さが，感覚の段階で起こっているものなのか，知覚なのか，認知なのか，という視点を持つことは，子どもを理解する上でとても大切です。

　例えば，鉛筆操作が苦手で，文字を整えて書くことができない子ども，文字をマスに収められない子どもがいます。何も知らなかったら，やる気がないと思われがちですが，実は感覚が影響しています。姿勢を保つための固有感覚が育っていないと，書くための動きの調整が難しくなるのです。

　また，眼球を正しく動かすことができていないために，正しく読んだり書いたりすることができない子どももいます。中でも，両目のチームワーク（寄り目）がうまくいかないと，文字がぼやけて見えている可能性があります。子どもは，困っているけれど原因が分かりません。関わる大人が知識を持ち，気づいてあげることが大切です。

　そして，形をとらえる力が弱い子どももいます。三角と四角の違いが分からない子どももいます。視空間認知が弱いと，よく似ているけれど形の違う漢字を書いてしまうことが多くなります。

　このように，感覚・知覚・認知の視点を知ることは，子どもを知ることにつながるのです。

感覚・知覚・認知の強化もできる

　知ることは，子ども理解の第一歩です。では，どうすれば子どもたちは安心して学習することができるのでしょうか。

　１つ目は，「支援」です。子どもの弱さに寄り添いましょう。子どもや保護者からの聞き取りから，どうすればストレスなく学習に取り組めるかを一緒に考えてください。弱さに合わせて，マスを大きくした用紙を用意するのか，板書と同じ内容のプリントを机に置いてあげるのか，文字の形をなぞらせてあげるのか…。様々な工夫をしていきましょう。

　２つ目は，「強化」です。子どもの弱い力を伸ばすことです。感覚・知覚・認知のいずれの力も強化をすることが可能です。今回，この強化の観点で第２章を書くことはありませんが，筆者は，コグトレ（COGOT, COGET, COGST）やビジョントレーニングを学習支援の基盤としています。これらの学習支援があってこそ，第２章の学習支援も有効になります。

国語の学習支援にも感覚・知覚・認知の視点を

　これまで述べてきた通り，感覚・知覚・認知の視点は重要で，指導にも有効です。そのため，第２章では，この視点を取り入れた学習支援を紹介します。ついつい，漢字ドリルや教科書だけで指導を進めてしまいますが，実は，この視点を取り入れる方が効果的で，子どもたちが安心して取り組めます。個別指導の場だけでなく，通常の学級でもぜひ取り入れていただきたい内容です。

【参考文献】
• 宮口幸治著『コグトレ　みる・きく・想像するための認知機能強化トレーニング』三輪書店
• 宮口幸治・宮口英樹編著『身体面のコグトレ　不器用な子どもたちへの認知作業トレーニング【増補改訂版】』三輪書店
• 北出勝也著『勉強とスポーツに自信がつく　ビジョントレーニング』創元社

第１章　学びにくさのある子どもへの学習支援のポイント　013

03 学びにくさのある子どもへの算数の学習支援のポイント

算数でも感覚・知覚・認知の視点を忘れないで

　国語における感覚・知覚・認知の視点は，算数においても同じように必要です。もちろん，他の教科や生活面すべてにおいて必要であると言えます。私たちは，見て，認識して，感じて，記憶し，考えて行動するのですから，指導者としてこの視点を持つことで，子どもの弱さに気づくことができるのです。そして，それが支援につながり，効果的な指導につながるのです。

算数における感覚・知覚・認知の強化

　算数の基の力として必要なものは，まず「カウンティング」ができるということです。数を数えられることです。次に大切なことは「数感覚」，数をまとまりでとらえられることです。これらを，序数性・基数性と言います。この基の力が育っていないとどうなるでしょうか。１年生で２桁や３桁の学習になった時，位取りを混同してしまうことが起こります。また，10の補数が分からずに繰り上がり足し算や繰り下がり引き算の手順の意味が理解できないということもあります。

　さらに，こういった算数の活動には，必ず記憶したり論理的思考をしたりする必要があります。ワーキングメモリの弱さ，イメージ力の弱さは，算数の弱さにつながりやすいのです。特に，文章問題では，文章を読み，イメージして求められている解法を導き出し，正しく計算し，適切な答えにつなげなければいけません。

これらの認知機能の強化として，筆者は，第１章❷でも紹介したコグトレ（COGOT，COGET，COGST）やビジョントレーニングを学習支援の基盤としています。やはり，これらの取り組みがあってこそ，第２章の学習支援も有効になるのです。

算数の学習支援における感覚・知覚・認知の視点

　第２章では，算数の指導において必要な「カウンティング」や「数感覚」から学習支援を提案していきます。具体物を使ったり，感覚を使ったりする活動から始めます。つまり，これらの活動経験なしに，次へは進めないのです。この経験を無視して次の段階から始めても，結局は身につけたつもりが，すぐに忘れてしまうという結果になります。

　例えば，指操作を経験しないままに足し算や引き算を学習した場合，「カウンティング」も「数感覚」も弱いまま視覚情報だけで計算することになります。学びにくさのある子どもは，視覚情報だけでは記憶から消えやすく，計算手順を忘れてしまいます。

　さらに，算数においては，それぞれの学年でつまずきが生じやすい学習課題があることから，子どもたちが学びやすくなる学習支援の仕方を紹介します。子どもたちが安心して学習するための手立ては，個別の場はもちろん，通常の学級でも取り入れていただきたい内容です。弱さのあるところからしっかりと積み上げ，安心しながら習得した学習内容は定着しやすいです。結果として，子どもたちの自信となっていくのです。

【参考文献】
・宮口幸治著『コグトレ　みる・きく・想像するための認知機能強化トレーニング』三輪書店
・宮口幸治・宮口英樹編著『身体面のコグトレ　不器用な子どもたちへの認知作業トレーニング【増補改訂版】』三輪書店
・北出勝也著『勉強とスポーツに自信がつく　ビジョントレーニング』創元社

第１章　学びにくさのある子どもへの学習支援のポイント　015

第2章

学びにくさのある子どもへの
学習支援アイデア

教材のダウンロードについて

のマークがある教材・資料を下の QR コードからダウンロードすることができます。

http://meijitosho.co.jp/142327#supportinfo

学習の基礎

国語

算数

学習の基礎

01 体幹調整で姿勢・書き・集中をよくするために
つま先かかと歩き

指導のねらい

　体幹を意識させることで体の動きをよくし，姿勢保持，書字能力向上等を目指します。

準備物

- 養生テープ（色つき）を2〜3mに切り，床に貼る
- マット

指導の流れ

❶ タンデム歩行（つま先かかと歩き）はできるかな？

養生テープの上を，つま先とかかとを合わせて歩きます。大人でもはじめはぐらぐらする人がいます。

歩いている時の様子を評価するには，膝や肘が伸びてリラックスして歩いているか，安定して歩いているか，を見ます。緊張して手のひらが反り返っていたり，ぐらぐらしてこけそうになったりする時は，体幹をうまく使えていない状態です。

タンデム歩行を，少しずつ力を抜いてできるようになっていくことがトレーニングになります。「この橋から落ちたらワニがいるかも」と笑いながら楽しく取り組んでください。

❷ タンデム歩行と並行して，マットでゆるい体幹運動を始めよう

最初は，「飛行機のポーズ」や「船のポーズ」などを取り入れるのが効果的です。無理せず，簡単な動きから始めてゆっくり進めます。できるようになってきたら，「プランク」や「バードドッグ」のような体幹トレーニングに移行していくとよいです。

ポイント

もともと低緊張で，筋肉の適度な緊張を保てない子どももいます。座っていても，机に上半身ごともたれかかっていたり，椅子から落ちそうな座り方をしていたりする子どもたちは，実は本人がとても困っているのです。

体幹を整え，強化していく一方，姿勢を補正してくれる座布団やクッション，椅子等を利用して支援することも大切です。こういった支援をしながら，体の動きを強化していくと，姿勢を保てるようになり，書字も楽になり，集中することで学習習得も改善していきます。

| 学習の基礎 | |

02 体幹調整で姿勢・書き・集中をよくするために
ケンケンパ・クモの巣くぐり

指導のねらい

遊びの要素を取り入れながら楽しく体幹を強化します。

準備物

- 「ケンケンパ」養生テープ（色つき）をケンケンパができる位置に貼る
- 「クモの巣くぐり」ハンガーラック（しっかりとしたもの），ソフトゴム 6mm幅4m，A4コピー紙にクモのイラストを印刷したもの

指導の流れ

❶ 「ケンケンパ」のコース

ケンパ，ケンパ，ケンケンパ…のリズムで跳べるように養生テープで印をつけます。子どもたちは，遊びの感覚で楽しく取り組めます。これも体幹を強化するトレーニングです。

中には，ケンケンと片足で跳ぶことが難しい子どももいます。無理せず両足から始め，一歩ずつケン…ケンと片足で跳べる回数を増やしていきましょう。

❷ ソフトゴムで「クモの巣くぐり」

できるだけゴムに触れないようにくぐるトレーニングです。怖かったら，横の棒を持ちながらくぐってもよいです。くぐる時に姿勢を保たなくてはいけないため，これも体幹の調整が必要なトレーニングです。上の方に，クモのイラストを描いた紙を貼るだけで，子どもたちは大喜びで取り組みます。

ポイント

ここでは，「ケンケンパ」と「クモの巣くぐり」を紹介しました。どちらも昔からある遊びです。外遊びの減った現在，こういった遊びをトレーニングに取り入れることも有効です。

この他，微細運動として，「パターンブロック」「積木」「玩具ブロック」等をトレーニングに取り入れることもお勧めします。子どもたちの中には，こういった遊びを経験せずに成長している子どもがいる場合もあります。

こういったトレーニングは，体の動きの基の力を向上させる大切なトレーニングになります。特に，ゆっくりと成長する子どもたちは，トレーニングの中で「できた」と自信をつけられます。笑顔いっぱいで，「楽しかった」と報告してくれます。

第2章　学びにくさのある子どもへの学習支援アイデア　021

学習の基礎

03 体幹調整で姿勢・書き・集中をよくするために
ランダム読み・数字タッチ・目の体操

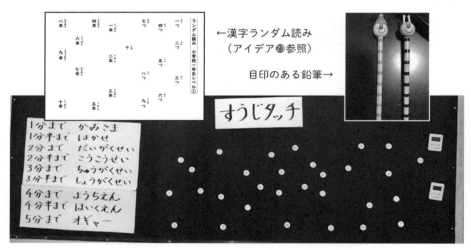

指導のねらい

目の動きを改善して、教科書の縦書きや横書きの文章を目で追いやすくします。

準備物

- 「ランダム読み」文字または数字をランダムに並べたもの
- 「数字タッチ」1〜30（または20）の数字をバラバラに配置したもの
- 目印のある鉛筆またはペン

指導の流れ

❶ ランダム読み

　左の図は，筆者が作成した「漢字ランダム読み」ですが，数字や文字または単語をランダムに並べてもよいです。右から，あるいは左から縦読みや横読みの練習を続けることで，目の動きが改善していきます。

❷ 数字タッチ

　小黒板に磁石つきの数字をバラバラに貼ります。1～30（または20）までを順番にタッチしていきます。目をあちこちに動かすことで，集中力が増します。時間を計ると意欲も増します。

❸ 鉛筆（ペン）で目の体操

　左の写真の鉛筆のマスコットは鼻が赤く，ここを視点に集中させやすいです。教師が両手に鉛筆を持ち，肩幅に広げて横の動き，上下に広げて縦の動き，斜めにずらして右上から左下，左上から右下と視線を跳躍させます。次に，鉛筆を1本にして，横，縦，斜めの後，円と追従の動きをし，最後に，寄り目をします。

ポイント

　教科書は，国語が縦書き，算数等は横書きで，目の動きの得手不得手が生じやすいため，こういったトレーニングで目の動きを改善すると楽に読めるようになります。また，国語では文節ごとに跳躍して目を動かすことも大切です。算数では，足し算・引き算の横書きの式のほか，縦書きの筆算もあります。わり算の筆算では，「立てる⇒かける⇒引く⇒下ろす」と眼球をあちこち動かさなくてはいけないので，基本として大切なトレーニングです。

【参考文献】・北出勝也著『勉強とスポーツに自信がつく　ビジョントレーニング』創元社

学習の基礎

04 正しい書きを習得するために
正しい発音

 3分

指導のねらい

正しい発音を理解して，正しい表記を身につけさせます。

準備物

- 四つ切り画用紙にひらがなの濁音・半濁音を書いたもの
- ケント紙（900mm×1200mm）にひらがな50音を書いたもの
  ※市販のものでもよい

指導の流れ

❶ ひらがな50音を文字と音を対応させて読ませよう

一字一字を指し棒で指しながら，母音を意識させて（口の形を意識させて）発音する練習をします。文字と音を対応させる大切なトレーニングです。1年生なら1学期の間，ゆっくり，じっくり，週1回以上は繰り返し練習をしましょう。2学期，3学期になっても振り返りに使ってください。

❷ ひらがな50音の横読みもしっかりと

ひらがなの横読みは，国語辞典を引く時に必要になるため，1年生の間に確実に身につけてほしい力です。❶のひらがな読みと合わせて，繰り返しの練習が大切です。

❸ ひらがな濁音・半濁音読みで発音トレーニングも

子どもたちの中には，発音の力が弱い子どももいます。濁音・半濁音を読む時は，清音よりも舌・唇に強い息の力が必要になるため，発音のトレーニングに効果的です。筆者は，発音トレーニングである程度正しく発音ができるようになったら，濁音・半濁音の横読みトレーニングも行っています。

ポイント

正しい発音を習得していないと，表記の間違いがよく起こります。例えば，「キ」と「チ」の間違いがあると，「キリン」が「チリン」になります。そのまま単語として表記を覚えると，修正に時間がかかります。できるだけ早く，正しい発音を習得させたいです。ただし，子どもに負担をかけることなく，無理なく進めることが基本です。

子どもたちの発音には食事の仕方が影響している場合があります。舌を動かし，口全体で食べる指導も少しずつ進めましょう。

第2章　学びにくさのある子どもへの学習支援アイデア　025

学習の基礎

05 聞こえ方を理解するために
聴覚認知レベルアップ作戦

「聞く力を高めよう」

レベル1　「何て言ったかな？」
　　　・とうもろこし　・エレベーター　・ヘリコプター　・さかな　・ブロッコリー　等

レベル2　「先生の言葉を聞き取ってみよう」（3人が言った言葉から、先生の言葉を聞き取る）
　　　・先生「ノート」、Aさん「シート」、Bさん「シーツ」　等

レベル3　「言葉集め」（ひらがな1文字から、お題はその時に決める）
　　　・「か」の言葉集め　「かめ、かさ、かぶとむし、かなづち、からす…」等

レベル4　「いくつの音か当てよう」
　　　・きって⇒3　・きゅうしょく⇒4　・うんどうじょう⇒6　等

レベル5　「しりとりをしよう」
　　　・めがね⇒ねこ⇒こま⇒まんとひひ⇒ひまわり⇒りんご　等

レベル6　「『て』抜き言葉、何になるかな？」
　　　・てかてかし⇒かかし　・じゅてんてばてん⇒じゅんばん　・すてきてっぷ⇒すきっぷ　等

レベル7　「バラバラ言葉、何になるかな？」
　　　・ぴんえつ⇒えんぴつ　・どんるらせ⇒らんどせる　・つおしがんく⇒おんがくしつ　等

指導のねらい

認知レベルの聞く力を身につけさせます。

準備物

- ホワイトボード，ボードマーカー（記憶力の弱い子どもはあると安心する）

指導の流れ

❶ **レベル１「何て言ったかな？」，２「先生の言葉を聞き取ってみよう」**

聞き取る力をつけるトレーニングです。音や言葉を集中して正しく聞き取れるように楽しみながら取り組むのがよいです。

❷ **レベル３「言葉集め」，４「いくつの音か当てよう」，５「しりとりをしよう」**

音韻認識に関わる，言葉の中の音を分解して文字と合わせるトレーニングです。遊び感覚で取り組むのが効果的です。

❸ **レベル６「『て』抜き言葉，何になるかな？」，７「バラバラ言葉，何になるかな？」**

「『て』抜き言葉」だけでなく，「こ」や「と」等，いろいろな音を間に入れて考えさせるのもよいです。バラバラ言葉は，慣れるまでは短い言葉で取り組ませると自信が持てます。

ポイント

会話がうまくかみ合わない時，実は，聴覚認知のレベルが弱かったということがあります。聞く力も人それぞれと言えます。また，聞こえていても，言葉と結びつけるところで弱さがある場合もあります。そのため，集中して聞いたり，音韻認識を高めたりするトレーニングをしておくと安心して過ごせるようになります。さらに，会話では，語彙力やイメージ力も影響するので，別途力をつけていきましょう。

【参考文献】
• 『聴覚認知バランサー for iPad』LEDEX
• 『いーらぼ発達支援テキスト１　聞く力トレーニングブック』マインＥラボ・スペース

第２章　学びにくさのある子どもへの学習支援アイデア　027

学習の基礎

国語

算数

学習の基礎

06 話す難しさを和らげるために
話すことショートステップ

5分

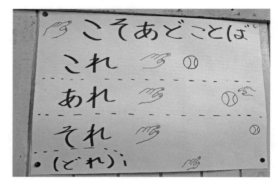

指導のねらい

話すことにすごく力を必要とする子どもが，ショートステップで安心して自ら話そうと意欲を持てるようにします。

準備物

- 「コミュニケーションのはしご」の表（ショートステップで目標設定）
- ティッシュペーパー，ゴム風船，ピンポン玉，こそあど言葉表，カードゲーム，なぞなぞ，ソーシャルスキルすごろく（手作りでも市販でもよい）

指導の流れ

❶ 「○○さんのコミュニケーションのはしご」を作ろう

気持ちを表現できない段階なら,息を吐く練習から始めます。強く吐くことができる段階になったら,こそこそ話の段階へ移行していきます。その次の段階で,一文字から少しずつ声を出せるようにトレーニングの計画を立てます。くれぐれも無理のないように,本人や家族と相談して作りましょう。

❷ 各段階で使う準備物を揃えよう

左の写真は「こそあど言葉表」です。これは,国語の「こそあど言葉」の指導にも使えます。この他,「○○さんのコミュニケーションのはしご」に必要なものを工夫して準備しましょう。

❸ 「○○さんのコミュニケーションのはしご」トレーニングを始める

話すことにすごく力を必要とする子どもは,不安が強かったり緊張していたりすることが多いです。まずは,リラックスできる雰囲気づくりをします。そして,息を吐き出す練習から始めていきます。

ポイント

急ぐ必要はありません。本人の表情を確認しながら,少しずつ進めてください。やりとりを,連絡帳等を使って保護者にも共有しておきましょう。

話す活動に弱さのある程度は,子どもによって様々です。普段元気いっぱいでも,発表となると非常に緊張する子どももいます。無理をさせてトラウマになることがないように,安心できる環境づくりから始めるようにしてください。

【参考文献】
- エイミー・コトルバ著,丹明彦監訳,青柳宏亮ほか訳『場面緘黙の子どものアセスメントと支援―心理師・教師・保護者のためのガイドブック』遠見書房

第2章 学びにくさのある子どもへの学習支援アイデア 029

学習の基礎

07 社会性の基本を身につけるために
がまんもだいじ・おしずかに

指導のねらい

抑制の力をつけて，集中力を高めます。

準備物

- Ａ４コピー紙にイラストフリーのカエルの絵を貼り付け，「がまんもだいじ」と書き込み，ラミネートしておく
- Ａ４コピー紙にイラストフリーの「おしずかに」の絵を貼り付け，文字を書き込み，ラミネートしておく

指導の流れ

❶ 「がまんもだいじ」

小学校に入学し，スタートカリキュラムで始まった生活は，徐々に座って集中して聞く時間が増えます。ここで抑制の力が弱いと，学習習得に影響し，困るのは子どもたちです。事前に「これからは，我慢の力も必要」と伝えて予告しておくだけで，見通しが持てます。そのお話を掲示物で説明し，その後も教室に貼っておくことで意識しながら行動ができます。

❷ 「おしずかに」

集中して何かに取り組む時に，「おしずかに」のイラストで示すと分かりやすいです。事前に「このイラストを提示したら，会話せずに静かに行動する」と約束しておけば，提示するだけで静かな空間を作ることができます。

❸ ラミネートして，いろいろ準備しよう

給食中に使用する「もぐもぐタイム」，姿勢を保つための合言葉「グーピタピン」等もラミネートして事前に指導，掲示できるとよいです。

ポイント

ABA（応用行動分析）の視点で，子どもたちが困った状況になる前にできる準備をしておきます。「おしずかに」の掲示物の意味を伝えておけば，それを掲示するだけで，子どもたちは理解して適切な行動ができます。その際，すぐにほめることも忘れないようにしましょう。

特に，「がまんもだいじ」を伝え，実行させることは，社会性が身についていない子どもたちに大切な力となります。学習はもちろん，人と関わる時に抑制の力は有効に働くのです。

08 指導の効果を上げるために
教室環境と時間設定の構造化

5〜15分

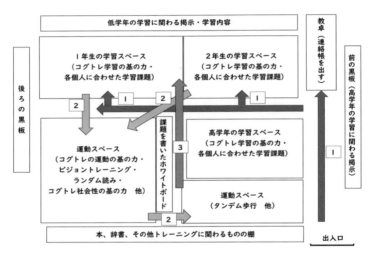

指導のねらい

空間・時間の構造化で，見通しを持ち安心できるようにさせます。

準備物

- それぞれのトレーニングの場所を明確に分ける
- それぞれのトレーニングを各場所に準備する
- 動きの順番とその各動きの時間配分を掲示しておく
  （例　片足立ち30秒）　※覚えたらなくてもよい

指導の流れ

❶ 場所の構造化をしよう

まずは、その場所で何のトレーニングをするかを決め、子どもたちが一目で分かるようにします。左の図は、通級指導教室で担当する学年が低学年と高学年だった場合の分け方で考えました。

場所を明確にすることで、安心につながります。また、それぞれの前に、必要な学習の情報があると、さらに安心することができます。

❷ 時間の構造化をしよう

入り口から入ったら、まず連絡帳を出します。その後、自分の学年の場所に座って学習の基の力のトレーニングをします。次に、運動スペースに移動して、運動の基の力、ビジョントレーニング等の運動をします。最後に、学習スペースに戻って、それぞれの課題に取り組みます。こうして、トレーニングの順番と取り組む時間を明確にすることで、ルーティンで動けるようになります。

ポイント

構造化によって、一目で何をするべきか分かること、ルーティンで活動の見通しを持てることは、子どもたちが安心できるだけでなく、トレーニングの効果も高まります。

今回は、筆者の通級指導教室を紹介しましたが、通常の学級においても参考にすることが可能です。分かりやすい教室の環境づくりと、学習活動のルーティン化で、子どもたちの安心と学習効果を目指してください。

【参考文献】
・梅永雄二監修・著『よくわかる！自閉症スペクトラムのための環境づくり―事例から学ぶ「構造化」ガイドブック』学研プラス

学習の基礎

09 子どもに安心を与えるために
行動理解と適切な対応

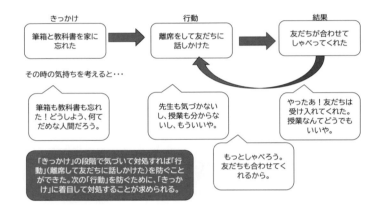

ABA（応用行動分析）の考え方をヒントに

○行動には「きっかけ」がある　例）離席をして友だちに話しかける場合

指導のねらい

「行動」には必ず「きっかけ」があるので，その対処法を考える力をつけます。

準備物

- 行動を記録するためのノートやメモ帳

指導の流れ

❶ 気になる行動を記録しよう

困っている子どもたちの行動を記録します。ノートかメモ帳の1ページを縦に4分割しましょう。

Aきっかけ	B行動	C結果	起こった時間・場所

表のように，「きっかけ」「行動」「結果」（ABC分析と言います）のほか，「起こった時間・場所」も書いておくと手がかりになることがあります。無理なく，隙間時間に概要を書きましょう。

❷ 記録を分析しよう

記録をよく見ていくと，同じ時間に同じ行動が起こっていることがあります。また，「きっかけ」が何であるかも明確になってきます。こうして行動の「きっかけ」が見えてくると，事前に「きっかけ」を防ぐ手立てを準備することができるのです。

ポイント

困っている子どもたちの行動をとらえる時に気をつけたいことです。子どもたちの行動には，必ず「きっかけ」があります。それを理解することが，子どもの安心につながり子どもと心をつなげるための手がかりとなります。

この考え方を習慣にすることが，指導者としてのスキルアップになります。

【参考文献】
・P．A．アルバート・A．C．トルートマン著，佐久間徹・谷晋二・大野裕史訳『はじめての応用行動分析　日本語版』二瓶社

学習の基礎

 5〜10分

子どもに安心を与えるために
10 学習ルールの指導

指導のねらい

　学習ルールを明確にして指導することで，トラブルを防ぎ安心して過ごせるようにします。

準備物

- 学習ルールについては教員全体で話し合い共通認識として明記しておく
- Ａ４コピー紙に学習ルールを書き込み，ラミネートする。裏に磁石をつけておくと，いつでも掲示できて便利

指導の流れ

❶ 学習ルールを知らせよう

4月当初が有効です。筆者は，できるだけ始業式を含めた3日間のうちにこの指導をするのがよいと考えています。学習ルールを1年生から指導します。2学期のはじめ，3学期のはじめにも確認すると効果的です。

❷ 学期の途中にも確認しよう

子どもたちが忘れてしまわないよう，時々掲示して確認するとよいです。ルールを一生懸命守ろうとする子どもがいる一方で，忘れて違う行動をする子どもがいるとトラブルになります。防ぐためにも，何度も確認するのがよいでしょう。

ポイント

学習ルールを教員全体で共通認識すると，授業展開も揃えやすいです。子どもたちの中には，思考が固く変化に弱い子どももいます。授業の進め方や様々な学習ルールが同じだと，学年が変わっても安心して過ごせます。また，学習に関わる持ち物のルールが明確だと，学習に関係のないものを持ってくることがなく，トラブルを防ぐことができます。できれば，掲示物も学校全体で揃えると教育の公平感が増し，安心につながります。

「給食のルール」で給食当番の人の動きや当番以外の人の動きを明確にしておくことも大切です。また，「掃除のルール」で学校全体が同じ掃除の仕方をすれば，学年が上がって新たに指導しなくても，子どもたちは安心して行動できます。

これらの考え方も，ABA（応用行動分析）の考え方を参考にしています。子どもたちが安心して過ごすことは，指導者も安心して過ごせることにつながります。

第2章　学びにくさのある子どもへの学習支援アイデア　037

国語

11 書くことの弱さを改善するために
体性感覚を生かして，なぞり書き

指導のねらい

体性感覚を使って，書くためのスキルを身につけます。

準備物

- 指なぞりには，文字を大きめに書いたり印刷したりしたものを使う
- 鉛筆なぞり書きには，ノートに赤鉛筆やグレーのペン等でなぞれるように書いておく
- 漢字ドリル等は拡大コピーをしておくとなぞりやすい

指導の流れ

❶ まず，空書き

　文字を覚える時，まずは粗大運動から入る方がイメージしやすく効果的です。「日」なら「縦棒，かぎ，真ん中に横棒，下に横棒」と声を出しながら，人差し指を出して空書きをしましょう。

❷ 鉛筆でなぞり書き

　8マス程度の大きさから始めます。子どもの実態によっては，8マスのノートの4マス分を1マスとして練習を始める方がよい場合もあります。大きな文字から小さな文字へと徐々に移行していくことが望ましいです。なぞれるように，ノートに赤鉛筆やグレーのペン等でお手本を書いてあげましょう。

❸ 家庭学習もなぞり書きから

　家庭学習で漢字ドリルの練習をすることがあります。小テストの前によく練習をしますね。その課題を拡大コピーしておくと，なぞりやすく形を整えて書けるので，子どもたちは安心します。

ポイント

　空間認知の弱い子どもや注意集中の弱い子どもは，形を整えて書いたり正しく書き写したりする力が弱いです。中には，「ちゃんと見えているのに，書いたら変な形になる」と悲しそうにする子どももいます。そういう子どもたちには，体性感覚を利用して形を覚えさせると効果的です。粗大運動から微細運動へ，が基本です。まずは空書き，次に指なぞり，そして鉛筆なぞりです。ある程度，形が整ってきたら，お手本を見ながら書き写すことができるようになります。こうしてショートステップで書く力を高めていくと安心して力を向上させられます。

国 語

12 ひらがな習得のために
あいうえお表音読

3分

ん	わ	ら	や	ま	は	な	た	さ	か	あ
	(い)	り	(い)	み	ひ	に	ち	し	き	い
	(う)	る	ゆ	む	ふ	ぬ	つ	す	く	う
	(え)	れ	(え)	め	へ	ね	て	せ	け	え
	を	ろ	よ	も	ほ	の	と	そ	こ	お
みゃ	びゃ	にゃ	ちゃ	しゃ	きゃ	ぱ	ば	だ	ざ	が
みゅ	びゅ	にゅ	ちゅ	しゅ	きゅ	ぴ	び	ぢ	じ	ぎ
みょ	びょ	にょ	ちょ	しょ	きょ	ぷ	ぶ	づ	ず	ぐ
りゃ	ぴゃ	ひゃ	ぢゃ	じゃ	ぎゃ	ぺ	べ	で	ぜ	げ
りゅ	ぴゅ	ひゅ	ぢゅ	じゅ	ぎゅ	ぽ	ぼ	ど	ぞ	ご
りょ	ぴょ	ひょ	ぢょ	じょ	ぎょ					

指導のねらい

濁音・半濁音・拗音を習得することで漢字の読み習得にもつなげます。

準備物

● ひらがな表（清音・濁音・半濁音・拗音含む）を拡大コピーしたもの
　※市販のものでもよい

指導の流れ

❶ 清音の並び方を覚えさせよう

　正しい発音で，文字と音を合わせて読んでいきます。中には，「う」と「ん」の違いが分かりにくい子どももいるので確認が必要です。そして，ひらがなの並び方の決まりも獲得させましょう。あ行〜わ行まで横読みをしっかりとしておくと，国語辞典の使い方が分かりやすくなります。

❷ 濁音・半濁音・拗音の文字と音を合わせる練習

　濁音・半濁音・拗音の読み練習は，教科書では少ししか出てきません。そのため，読み習得が不十分なまま学年が上がってしまうこともあります。１年生の間に，定着していないと気づいた時に，しっかりと文字と音を合わせる練習をしましょう。

❸ 促音・拗長音・拗促音の指導へとつなげる

　濁音・半濁音・拗音がしっかりと分かったら，促音・拗長音・拗促音の練習もしましょう。

ポイント

　教科書での扱いが少ないので，ひらがな表の音読が軽く済まされていることがよくあります。清音だけでなく，撥音の「ん」の確認，濁音・半濁音・拗音の音文字合わせの練習は，弱さのある子どもだけでなく，どの子どもにもきっちりと指導したいものです。

　漢字には，読み替えがたくさんあります。一文字一音のひらがなと違い，読み方にたくさんの音があるのが漢字です。音を聞いてひらがながすぐに出てくる状態でないと，漢字の読みがややこしくなります。そのため，促音・拗長音・拗促音まで，指導の徹底を１年生のうちにしておくのです。

第 2 章　学びにくさのある子どもへの学習支援アイデア　　041

ひらがな習得のために
13 読み練習のパワーポイント教材

指導のねらい

弱さのある子どももひらがなを読めるようにします。

準備物

- パワーポイントで,「絵か写真⇒ひらがな⇒読みの音声」の順番に表示されるように「あ」のつく言葉から「ん」のつく言葉までを作成した資料

指導の流れ

❶ 絵を見て，それが何かを言わせる

例えば，☂の絵が出てきたら，「かさ」と言葉で言わせるようにします。自分の言葉として発し，耳からも視覚情報からも「かさ」を確認させます。

❷ 「かさ」の文字を見て，「かさ」と言わせる

☂の絵を見て「かさ」と言っているので，「かさ」が☂とつながり，「かさ」と読めるはずです。この段階で意味として「かさ」を習得しています。

❸ 音声の「かさ」を聞いて確かめる

自分で「かさ」と読んでも，まだ不安が残っている場合があります。最後に「かさ」と音声が出てくると，「よかった，合っていた」と安心します。

❹ ひらがなを初めて覚える段階でも使用できる

前述の習得段階は子どもによって違います。絵を見て☂と認識し，「かさ」の文字が出てきても理解できず，音声の「かさ」で「これは『かさ』なのだ」と認識する，ひらがな習得の初期段階から使うことができます。

ポイント

特に音韻認識の弱い子どもや聞こえの弱い子どもは，ひらがな習得に時間がかかることが多いです。この場合，ていねいにじっくりと対応することが望まれます。パワーポイントで作成した資料なら，一人一人が個別に学習できます。筆者の通級指導教室でも，他の子どもたちが別の課題をしている時に，構造化した別の空間で，イヤホンをつけてこのトレーニングを行うことがあります。すると，他の子どもの視線を意識することなく，自分に合わせた学習をすることができるのです。

国語

14 特殊音節を習得させるために
特殊音節を感じる動作化・視覚化

5分

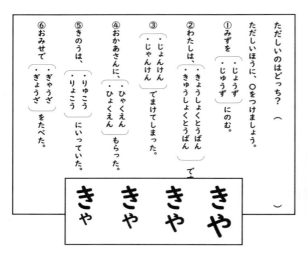

ただしいのはどっち？
ただしいほうに、○をつけましょう。（　）

① みずを
・じょうず
・じゅうず
} にのむ。

② わたしは、
・きょうしょくとうばん
・きゅうしょくとうばん
} です

③
・じょんけん
・じゃんけん
} でまけてしまった。

④ おかあさんに、
・ひゃくえん
・ひょくえん
} もらった。

⑤ きのうは、
・りゅこう
・りょこう
} にいっていた。

⑥ おみせで
・ぎゃうざ
・ぎょうざ
} をたべた。

| きゃ | きゃ | きゃ | きゃ |

指導のねらい

特殊音節を確実に習得し、読み書きの力をつけます。

準備物

⬇「ただしいのはどっち？」正しい特殊音節を選ぶプリント

指導の流れ

❶ 動作化で覚えさせよう

特殊音節は，動作化で覚えると定着しやすいです。粗大運動を使います。清音・撥音・濁音・半濁音は「パン」と一音一拍で手を叩きます。小さい「っ」は，肘を曲げて両手を「グー」にします。小さい「ゃゅょ」の拗音は，両手の手のひらをずらして握ります。長音は，両手を合わせて腕を下に動かします。

❷ 視覚化で音の分解と合成

拗音を聞き取る力が弱いと，「きゃ」が「か」に聞こえている場合があります。「きゃ」から「きや」へと少しずつ音を分解したものを表にすると分かりやすいです。また，逆に「きや」から「きゃ」に音を合わせていくと，「きゃ」と認識できるようになります。

❸ 感覚を育ててからプリント課題

粗大運動の「動作化」，見る感覚を利用した「視覚化」で特殊音節をしっかりと習得したら，プリント課題に取り組ませましょう。正しいものを選ぶプリント練習から始め，徐々に自分で書かせる課題へとショートステップで進めます。

ポイント

特殊音節を習得すると，音読の流暢性が増します。結果として，学習全般の読む力が向上します。漢字の読みの習得にも役立ちます。ぜひ，力を入れて低学年のうちに身につけたいものです。

【参考文献】
- 海津亜希子編著『多層指導モデル MIM　読みのアセスメント・指導パッケージ』Gakken

国語

15 のばす音の習得のために
常時掲示で常に意識！

のばす音のきまり

おかあさん あ→あ
おにいさん い→い
すうじ う→う
とけい えい
れいがい えええ
そうじ お→う
れいがい おい
お→お

とおくのやまのおおかみ

とおくの やまの こおろぎが、 おおきな たまごを うみました。 そこを、 ふゆに なりました。 おおきな おおかみが、 とおっ とおりました。 たきびの ほのおが みえました。 みんな こわがって、 ほおずきの ように あかくして、 こおりの ある ほうへ にげて いきました。

指導のねらい

長音の決まりを繰り返し学習で習得させます。

準備物

⬇「のばす音のきまり」をＡ４コピー紙に印刷しラミネートしたもの
⬇「とおくのやまのおおかみ」（のばす音の「お→お」の言葉）をＡ４コピー紙に印刷しラミネートしたもの

指導の流れ

❶ 「のばす音のきまり」を繰り返し動作化しながら音読させよう

習得の段階では、毎日動作化と音読の繰り返しで覚えていきます。その後も、作文で書く時には常に意識できるように掲示しておきます。一度記憶したものを思い出せるようにしておくのです。

❷ のばす音が変化する「え→い」「お→う」の言葉が出てきたら常に確認

ひらがなの書きに慣れてきたら、長音の決まりである「お→う」は、「のばす『お』は『う』に変身」と常に声をかけて意識させます。「え→い」についても、同じように、「のばす『え』は『い』に変身」と声をかけます。子どもたちに復唱させるのもよいです。

❸ 例外の「お→お」の言葉は覚え込むのが一番

例外の「え→え」の言葉は少ないので、「おねえさん」を覚えます。
「お→お」の言葉はいくつかあるので、お話のように覚えたり、「とおく、こおろぎ、おおく、おおきな、おおかみ、とお、とおる、ほのお、ほおずき、こおり」と何度も唱えて覚えたりするとよいです。また、教科書の学習や作文を書く際に出てくるごとに声をかけます。

「のばす『お』が『お』の時は例外」と例外の表を作っておき確認させます。これを繰り返すことで、例外の言葉も定着していきます。

ポイント

のばす音の決まりは、弱さのある子どもだけでなく、多くの子どもがつまずきやすいです。繰り返す中で、根気よく習得させましょう。常時掲示で、景色になってしまわないよう、常に思い出すためのツールとして使いましょう。

国語

16 ひらがなとカタカナを一緒に覚えるために
めくるとひらがなが出てくるカタカナ表

⏱ 3分

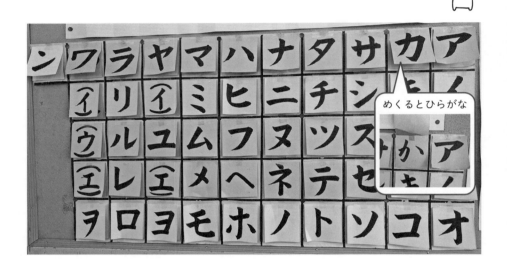

めくるとひらがな

指導のねらい

めくって楽しみながら，ひらがなとカタカナを一緒に覚えさせます。

準備物

- カラーケント紙（水色，桃色，若草色，オレンジ色，黄色，ピンク色）
- 各色をア列～オ列のひらがな・カタカナ分の20枚，「ン」「ん」の2枚に切り分ける
- ケント紙を貼り付ける土台にするための模造紙　● 透明の養生テープ

048

指導の流れ

❶ ひらがな指導に

ひらがなを一字ずつ指導する時に使います。指導したひらがなから順番にケント紙を貼っていきます。

❷ カタカナ指導に

カタカナを指導した順に,ひらがなのケント紙の上にカタカナのケント紙を貼ります。めくれるように,上の部分だけを養生テープで貼ります。

❸ いつでも触って見直せるように

子どもの手が届くところに貼ります。めくるとひらがなが出てくるので,遊び感覚で,休み時間にも触ります。もちろん,授業中に,ふとカタカナを忘れた時にも見て思い出すことができ,安心材料になります。

ポイント

左の写真は,20年ほど前に筆者が筆で書いたものです。墨で書いておくと色の変化が小さく,長期間使えるメリットがあります。行ではなく,母音の列で色を変えると,自然と母音への意識が高まります。撥音の「ん」が違う音であることも視覚的に理解できます。

カタカナは,できれば漢字を指導する前に習得させたいです。漢字の中には,「名」は「タ」と「ロ」,「学」は「ツ」と「ワ」,「空」には「ウ」と「エ」のように,カタカナがたくさん入っています。教える時にも声をかけやすく,子どもたちも覚えやすくなるのです。

本書のアイデア❶で,50音表の読みを徹底しておくと,位置関係でもカタカナの読みが分かるようになり,自力で文字を覚えていくことができ,自尊感情も高まります。

第 2 章 学びにくさのある子どもへの学習支援アイデア

国語

17 ひらがな・カタカナ表を使って書く活動
ひらがなやカタカナを覚えるために

⏱ 3分

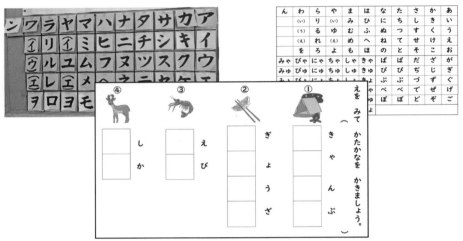

指導のねらい

ひらがなとカタカナを使いながら覚えさせます。

準備物

- アイデア⓬で使用したひらがな表
- アイデア⓰で使用したカタカナ表
- 絵カード，または絵や写真を貼ったプリント

指導の流れ

❶ 絵カードを見て，カタカナを書く

　絵カードを見てカタカナを思い出しながらノートに書きます。この時，思い出すためにカタカナ表を見てもよいです。ひらがなの並びと対応させてカタカナを探す子どももいるので，ひらがな表も掲示しておくとよいでしょう。

❷ カタカナプリントに書き込む

　絵カードと同じ絵でカタカナを書き込むプリントを作ります。ひらがなを横に書いておくと，手がかりにしたり一緒に覚えたりできるので，効果的です。カタカナを書き込む時も，カタカナ表を見てもよいです。

❸ 徐々に手がかりを減らす

　はじめは，ひらがな表もカタカナ表も見えるところに貼っておくのがよいですが，支援は少しずつフェードアウトします。教室の後ろの方に貼り，思い出して書く練習をしていきます。それでも，不安な時は表を見てよいことにします。子どもの意志を尊重しましょう。

ポイント

　はじめは支援をたっぷりとして「できる」経験を増やします。自尊感情を向上させ，やる気を出すことができます。徐々に，支援を減らしていく方法を，ABA（応用行動分析）ではシェイピングと言います。この考え方は，すべての指導に使えるので，いつも心がけておくと，子どもたちは安心して過ごすことができます。本書のアイデア❾と関連します。

　教科書では，カタカナが順不同に出てきます。ひらがなとカタカナを50音表とともに覚えることで，忘れにくくなり，作文でもすらすらと書けるようになります。

国 語

18 漢字をパーツで覚えるために
タングラムトレーニング

 3分

指導のねらい

　タングラムパズルで，全体から部分に分けたり，部分から全体を構成したりする力を身につけます。

準備物

- タングラムパズル（写真は，おもちゃ箱イカロス「匹見パズル　アボロ」210×210×25mm・木材手本つき）
  ※お手本がついていて，子どもに合うものを選ぶとよい

指導の流れ

❶ 手本を見ながら白いパズルを配置する

白いパズルから配置するのは，茶色のパズルから配置するよりも難しいため，子どもが困っていたら，茶色のパズルから配置してもよいです。

❷ 手本を見ながら茶色のパズルを配置する

先に茶色のパズルを置いた場合は，次に白いパズルを配置します。こうして，白色のパーツが集まって一つの塊ができ，茶色のパーツが集まってもう一つの塊ができます。

❸ 茶色の塊を抜き出し，手本を見ずに再現する

形の記憶課題です。思い出して，元の形を作ります。

❹ 白色の塊を抜き出し，手本を見ずに再現する

形の記憶課題ですが，茶色よりもパーツの数が多いので難易度が上がります。難しいようなら，手本を見せてあげましょう。

❺ 全部のパズルを抜き出し，手本を見ずに再現する

さらに難易度が上がります。難しいようなら手本を見せてあげましょう。

ポイント

漢字は，カタカナや既習漢字をパーツとして，学年が上がるほど複雑になっていきます。このトレーニングで，全体を部分に分けたり，部分から全体を構成したりする力が身につき，漢字をとらえ，覚える力がつきます。

【参考文献】
・北出勝也監修『発達の気になる子の学習・運動が楽しくなるビジョントレーニング』ナツメ社

国語

19 視覚認知の弱さを補うために
漢字のパーツ覚え

3分

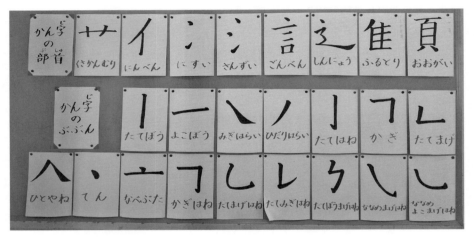

指導のねらい

漢字を，全体から部分に分けたり，部分から全体を構成したりする力を使って，形を覚えさせます。

準備物

- 八つ切り画用紙半分に塊で覚えさせたい線や部首を読み方とともに書いたもの

指導の流れ

❶ 漢字の部分である基本的なパーツを覚えさせる

「たてぼう」「よこぼう」「みぎはらい」「ひだりはらい」「たてはね」「かぎ」「たてまげ」「ひとやね」「てん」「なべぶた」「かぎはね」「たてまげはね」「たてみぎはね」「たてぼうまげはね」「ななめまげはね」「ななめよこまげはね」と，１年生で習う漢字の部分を，できるだけ先取りで唱えて覚えさせましょう。参考文献では，「にんにん体操」として紹介されています。

❷ よく出てくる部首は覚えると役立つ

「くさかんむり」「にんべん」「にすい」「さんずい」はカタカナでできているので覚え込ませます。また，「ごんべん」「しんにょう」「ふるとり」「おおがい」等，よく出てくる「へん」や「つくり」は，パーツごとに覚えさせるようにしましょう。これは，１年生であっても，２年生であっても，塊として意識させ，漢字のパーツを覚えさせることが形を覚える早道と言えます。これが習慣化すると，３年生以降も，自分でパーツを意識して覚えるようになっていきます。

ポイント

タングラムパズルでパーツに分けたり合わせたりする力を身につけると，漢字の分解や合成をする力が増します。形をとらえることが難しい子どもほど，こうしてパーツを塊として覚えさせることで書き間違えることが減ります。さらに，塊を意識してパーツで覚えることができると，正しく書く力がつきます。特に新出漢字を覚える段階で取り入れていただきたい指導です。

【参考文献】
- 小林倫代・杉本陽子著『特別支援教育　はじめのいっぽ！　漢字のじかん80字』学研プラス

国語

20 視覚認知の弱さを補うために
漢字の間違えやすいポイント覚え

⏱ 3分

よく間違える漢字の部分

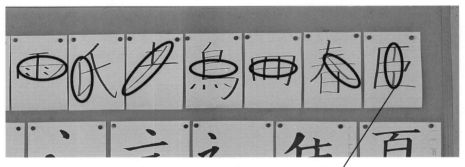

間違えやすいところを赤字で示して掲示する

指導のねらい

間違えやすい漢字のパターンを知り，自分で間違いに気づかせます。

準備物

- 子どもが間違えやすい漢字のパーツを書き溜めておく
- 八つ切り画用紙を4分の1の大きさにして，間違えやすい漢字のパーツを書いておく

指導の流れ

❶ 漢字の線や部分を十分に理解させる

アイデア⓳にある「たてぼう」「よこぼう」等の線のほか,「ふるとり」「おおがい」等のパーツも言えるように繰り返し指導しておきます。自分でパーツの名前が言えると,間違いの気づきにつながりやすいです。

❷ 間違えやすい漢字を意識させる

形を間違えやすい漢字は,どの子も共通していることが多いです。線が１本多くなったり少なくなったり,長さや場所が違ったりします。例えば,「春」の「みぎはらい」を３番目の「よこぼう」の下に書く子どもが多いです。２番目の「よこぼう」の下から「みぎはらい」を書くことが分かるように,赤色にしておくと気づきやすいです。こういった間違えやすい漢字を書き溜めておくと指導につながります。

❸ 自分の間違いに気づかせよう

間違いをした時に声かけして自覚させます。「もう一度よく見て」の声かけで十分です。「よく間違える漢字の部分」の掲示を見て,子ども自身が気づけるようになると,その後も自分で書き直せるようになります。

ポイント

本書のアイデア⓳,⓴は継続して指導をします。見て分かっているのに「書くこと」に弱さのある子どもは,できない自分を意識しやすく,自尊感情が下がりやすいです。アイデア⓫の「なぞり書き」の支援も含め,継続的な支援と指導で力をつけたいものです。こうした支援と指導の一体化で,「書くこと」の弱さが強化され,学年が上がるごとに自分の力で漢字を覚えられるようになっていきます。

第 2 章　学びにくさのある子どもへの学習支援アイデア　057

国 語

21 書くことにストレスを感じやすい子どものために
反復練習しない覚え方

 5分

大きな石大石大石
小さい犬小犬小犬
日が出る日出日出
一月になる一月一月
・・・・・
・・・・・

→ 書く数を減らす →

大きな石
小さい犬
日が出る
一月になる
・・・
・・・

大石
小犬
日出
一月

指導のねらい

書くことにストレスを感じる子どものストレスを軽減させます。

準備物

- 必要に応じて，なぞり書きをさせる課題を用意する
- 個人に合わせて，ICT 機器で課題を用意する

指導の流れ

❶ 書くことがストレスなら,できるだけ軽減する配慮を

　視空間認知が弱い,不器用,繰り返し学習が負担等,書くことにストレスを感じるなら,子どもと話し合った上で子どもたちの個性に合わせて,ストレスを軽減する配慮をしましょう。反復練習を繰り返して無理をさせると,登校渋りにつながることがあります。こちらは配慮しようとしても書くことに義務を感じる場合もあるので,子どもと話し合うことが大切です。

❷ 子どもに合わせて,ICT機器の活用も検討を

　書くことはストレスだけど,ICT機器なら取り組める,という子どもがいます。今後はICT機器の活用がさらに広がるため,書くことが負担ならICT機器に慣れておくことは有効です。例えば,学級全体でICT機器を使って課題提出後,意見を交流して話し合い活動を行うといった授業が増えていけば,書くことにストレスを感じる子どもも楽しく取り組めます。

❸ ICT機器の使い方も工夫する

　子どもは一人一人個性があります。決して統一した指導が望ましいわけではありません。ぜひ,一人一人に寄り添い,必要なら音声入力も検討してください。板書を写真に撮ることも安心につながる場合があります。

ポイント

　学校では書く機会が多いだけに,書くことに弱さがあると,自尊感情が下がりやすいです。きれいに書きたい,もっとスムーズに書きたいと思ってもうまくいかず,自分がダメな人間だと思いがちです。子どもたちは一人一人に得手不得手があって当然です。鉛筆がダメならICT機器を,それも弱いなら音声入力で十分,という環境を作りたいですね。

国語

22 漢字テストに自信をつけるために
バラバラヒントありテスト

⏱ 5分

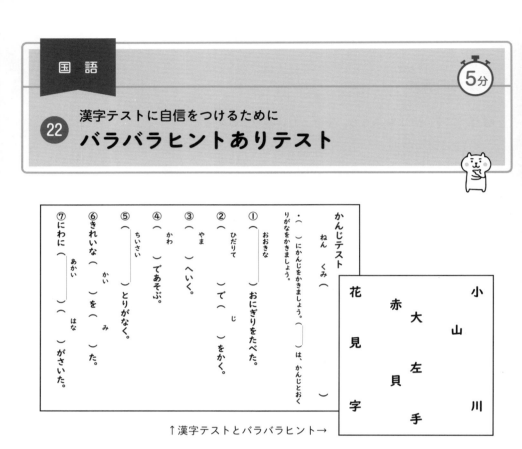

↑漢字テストとバラバラヒント→

指導のねらい

間違えやすい漢字のパターンを知り，自分で間違いに気づかせます。

準備物

- 漢字テストの漢字の部分をホワイトボードや紙にバラバラに書いておく

指導の流れ

❶ 新出漢字は十分に学習しておく

「とめ」「はね」「はらい」や「漢字の部分」を意識させながら，新出漢字を「読み」「書き」「意味」でとらえられるように指導し，学習させます。

❷ 間違えやすい漢字，部分を意識させる

形を間違えやすい漢字，部分を意識させながら練習をさせます。

❸ テストで思い出せない場合は支援を

漢字の書きで間違えやすい子どもの自尊感情低下を防ぐため，自力で書けた漢字には先に○をつけ，バラバラヒントで再度挑戦させます。読めていたら書けるため，子どもたちは意欲的に取り組みます。自力でできた漢字は赤ペンで，ヒントありでできた漢字は赤鉛筆で，書き直したら青ペンで○をつけます。子どもは自分の力に納得し，努力を続けるようになります。

ポイント

「バラバラヒント」という方法で，「書き」に弱さのある多くの子どもたちは自尊感情を高め，意欲的に取り組むようになりました。結果として，6年生になる頃には，ある程度の漢字を習得できるようになりました。

子どもたちがどうしたら意欲的に漢字学習に取り組むかは，指導者の支援次第と言えます。もし，「バラバラヒント」でも無理なら，読めていないと判断し，正解をチラッと見て，短期記憶でテストに取り組ませる「チラ見テスト」をすることもあります。ショートステップが有効です。

この支援を行う時は，必ず通常の学級担任との連携が必要です。子どもの実態を共有し，自尊感情への配慮から行うこと，○のつけ方で成績は判断してもらうことを申し合わせておきましょう。

国語

23 漢字ランダム読み
知っている漢字，読める漢字を増やすために

```
ランダム読み　小学校六年生③

日暮れ　　年の暮れ　　お歳暮
　ひぐ　　　とし　く　　　　　おせいぼ

厳しい自然　　厳格な父　　一覧表を見る
きび　　　　　げんかく　　　　いちらんひょう　み

ほしい物を「探す」、見えなくなった物を見つけ出す「捜す」
　　　もの　　さが　　　　　　　　もの　　み　だ　　　　さが

質問する「尋ねる」、訪問する「訪ねる」
しつもん　　たず　　　　ほうもん　　　たず

裏表紙を見る
うらびょうし　み

表裏一体とは二つの関係が密接であること
ひょうりいったい　ふた　　　　　　みっせつ

誤字を見つける
ご じ　　み

正誤表　　誤って書いてしまう
せいごひょう　あやま　　か

数値を示す
すうち　　しめ

値段　　値が熟れる　　値を出す
ねだん　　あたい　じゅく　　　あたい　だ

熟語を覚える
じゅくご　　おぼ

縦横に走る
じゅうおう　はし

縦と横
たて　よこ

頂点　　頂まで登る　　忠誠を誓う　　山頂
ちょうてん　いただき　のぼ　　ちゅうせい　ちか　　　さんちょう

忠臣蔵のお話
ちゅうしんぐら　はなし

誠にありがとうございます
まこと
```

指導のねらい

知っている漢字，読める漢字を増やし，新出漢字の習得を楽にします。

準備物

● 当該学年の新出漢字を含めた漢字熟語を，漢字を意味として覚えられるように選び，ランダムに配置して書き込んだプリントを作成する

⬇「漢字ランダム読み」

指導の流れ

❶ 「漢字ランダム読み」を繰り返し音読させる

「漢字ランダム読み」は，学年当初から順番に音読させます。1週間程度，同じものを音読させます。最初は，知らない漢字が多くたどたどしいですが，教科書で学習すると読みやすくなります。習う漢字が多いため，忘れないようにするためにも繰り返し継続して音読させます。

❷ 時々質問する

読み慣れると，意味を考えずに読み流してしまいます。例えば，「表裏一体って何？」と質問してください。漢字ランダム読みに意味が書いてあるので，意識している子どもはすぐに答えられます。「え？」となったら，再度読ませて意味を答えさせましょう。

ポイント

子どもたちの多くは，教科書に出てくる言葉を読んだり使ったりしたことがない状態で学習します。すると，学習する中で理解するのですが，中には，その言葉の読みや理解に追われて，物語や説明文の理解に至らない場合もあります。読みに弱さのある子どもは，特に困っているのです。

そのため作成したのが，「漢字ランダム読み」です。新出漢字の学習の前に読んで，漢字を知っている，読める状態にしておくのです。すると，漢字習得が楽になるだけでなく，教科書の内容も理解しやすくなります。

さらに，漢字をランダムに配置することで，眼球運動の効果もつけました。第1章にも記述した通り，眼球運動も学習の土台として大切です。漢字学習と眼球運動を同時に行うので，一石二鳥と言えるのです。漢字を言葉として覚えるため，眼球運動を取り入れるためにも，ぜひ年間を通じて取り組んでください。

国語

24 ヒントあり／ヒントなし漢字書き取り練習
知った熟語を書いて覚えるために

3分

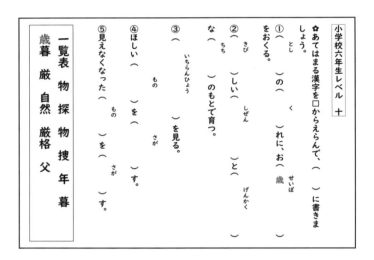

指導のねらい

覚えた漢字を繰り返し学習で定着させます。

準備物

- 「漢字名人になろう」（漢字ランダム読みに合わせた書き込みプリント）を用意し，ヒントをつけておく

指導の流れ

❶ 「漢字ランダム読み」を十分に音読させる

　アイデア㉓の「漢字ランダム読み」を十分に読ませておき，通常の学級の学習でも事前にその漢字を習得させておくことが必要となります。

❷ ヒントを頼りに漢字を書き込む

　一度，漢字の小テストをしても，すぐに忘れてしまう子どもがたくさんいます。漢字は繰り返し学習が必要です。教科書で漢字を習ったら，ヒントありで復習をしましょう。このプリントの内容は，「漢字ランダム読み」と同じ内容です。つまり，「漢字ランダム読み」で十分に学習したら，この練習プリントを使って，練習も力試しもできるようになっています。

❸ ヒントなしで力を試そう

　ヒントの部分を後ろに折り曲げれば，テストのように力試しもできます。そして，ヒントを見直すことで，答え合わせもできます。

ポイント

　このプリントを，筆者は「漢字名人」と名づけています。子どもたちが「できた」と思った時に，「漢字名人」になったと感じてほしいからです。子どもたちは，さらに漢字学習への意欲が増します。

　人間の脳は，基本的に短期記憶は消えていくようにできています。よほど大きなエピソードとともに入力されるようなことがあれば別ですが，繰り返し学習が有効なのです。特に集中力の弱い子どもに有効です。そして，エピソード記憶に近づけるため，特に高学年では文章に意味を込めています。教えたから終わり，ということがないように，繰り返し学習を意識した支援をお願いします。

第2章　学びにくさのある子どもへの学習支援アイデア　065

国語

25 漢字を黙読で意味読みする子どものために
正しい読みとは何か？

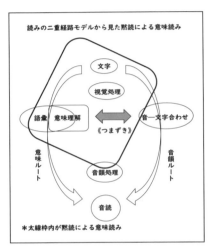

読む力の評価

音読評価項目	該当に〇
1．音読が逐次読みである。	
2．音読がたどり読みである。	
3．音読が流暢である。	
意味理解評価項目	
1．音読または黙読した後、内容を意味理解することが難しい。	
2．音読または黙読した後、内容の一部を意味理解している。	
3．音読または黙読した後、内容を十分に意味理解している。	

指導のねらい

　黙読で理解している子どももいることに気づき，適切な配慮・支援で安心させます。

準備物

- 音読の力の弱さと読み取りの力の弱さが一致しているかの評価（上図）

指導の流れ

❶ 音読がどの程度できるかを評価する

音読がとてもたどたどしい子どもがいます。その中の多くの子どもは，音と文字を合わせる力が弱く，そのためのトレーニングはこれまで紹介してきました。また，書く力だけが弱い子どもへのトレーニングも紹介しました。ここでは，音読だけが弱い子どもへの気づきのための評価をします。

❷ 読み取り課題で力を評価する

単元テストでも構いませんが，日頃の様子も観察してください。尋ねてみたら，内容を理解していることがあります。

❸ 音読にこだわらず，配慮・支援をする

音読だけが弱いなら，みんなの前で音読させる機会を減らします。必要なら事前に知らせて，その部分だけを練習させておいて，みんなの前で音読させるようにしましょう。

ポイント

できるだけ1年生から対応しておくと，局所的に弱さが残ることが減ります。左の図の「読みの二重経路モデルから見た黙読による意味読み」では，読みには意味ルートと音韻ルートがあることがご理解いただけると思います。太線枠内だけを使って，黙読でも感じたり理解したりする子どもがいます。漢字には意味があるため，このような読みも可能になります。音読することだけが弱い子どももいることを知り，安心して過ごせるように支援・指導を工夫しましょう。

【参考文献】
- 三盃亜美ほか「発達性ディスレクシア児童生徒の視覚的分析および文字入力辞書の発達—漢字を刺激とした文字／非文字判別課題と語彙判断課題を用いて」音声言語医学，59巻3号

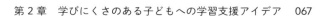

国語

26 漢字の少しずつ＆繰り返し練習
ワーキングメモリの弱さを支えるために

漢字指導計画

1学期	・新出漢字を早めに終わらせ、2学期はじめの1単元分まで進ませる。 ・朝の時間に、習った漢字の復習を、毎日少しずつ続ける。（10問程度）
2学期	・新出漢字を早めに終わらせ、3学期分の新出漢字まで進ませる。 ・朝の時間に、習った漢字の復習を、毎日少しずつ続ける。（10問程度）
3学期	・当該学年の漢字の読み替えを含んだ、教科書巻末の漢字練習を繰り返し行う。（10問程度）

指導のねらい

　記憶のメカニズムを知り，漢字指導に生かすことで安心して学びながら自信をつけさせます。

準備物

● 漢字指導計画表

指導の流れ

❶ 集中を促し，学習させる

ワーキングメモリの弱さがあると，様々な情報に影響されやすいです。先生がたくさん話すと，なかなか理解ができず，それだけで集中できません。その状況で，何かを理解することは難しいため，静かな環境で集中を促して学習させましょう。まずは，しっかりと入力させることが大切です。

❷ 記憶したものは忘れるもの，繰り返しが必要

一度教えたから大丈夫ということはありません。記憶したものを思い出す機会が必要です。これは，すべての学習に言えることですが，漢字は特に各学年でたくさん習うので繰り返し学習を当然のこととして行うと効果が上がります。

❸ 毎日少しずつ，無理なく

新出漢字を，学期ごとに先に学習を進め，学期中に繰り返して何度も学習する方法があります。また，年度を通じて先取りし，後半は漢字復習を徹底する方法もあります。子どもの実態に合わせて，無理なく進めましょう。

ポイント

日本の子どもたちにとって，ひらがな・カタカナは一対一対応で学びやすいです。一方，漢字は読み替えがたくさんあり，当て字もあるため，混乱しやすいです。言葉の意味とともに繰り返し学習で覚えていくと，読めたり書けたりすることが楽しくなります。そうなれば，次々と漢字を覚えることが楽しくなります。また，漢字は学年で習う漢字に固執せず，無理ない範囲で学年を越えた漢字に触れることも楽しみを増やすことになり語彙も増えます。

【参考文献】・陰山英男著『徹底反復 一年生の漢字』小学館

国 語

⏱5分

27 流暢に読むために
マルチメディアデイジー教科書の使用

子どもに合わせて設定できる

僕の文字色を青。ルビがあるから，読みやすいなぁ。

私の文字色を黒。文字サイズを大きくして，ゆっくり読みあげてほしいな。

指導のねらい

音韻認識の弱さに，マルチメディアデイジー教科書を効果的に使用します。

準備物

- 個人で使用する場合，「マルチメディアデイジー教科書」「デイジー教科書」で検索し一般申請を済ませておく
- 教育委員会申請もあり，市の教育委員会に確認しておくとよい
- 使う子どもに合わせて，色や文字の大きさや読み速度も設定しておく

指導の流れ

❶ まず，範読代わりにしっかりと目で追いながら聞く

　マルチメディアデイジー教科書の設定をします。子どもが見やすいという色の組み合わせにします。文字の大きさや読み速度も子どもに合わせると読みやすくなります。「総ルビ」で，知らない漢字も読めるようにします。

❷ はじめは読み速度を遅めの設定にして追い読み

　慣れるまでは，読み速度を遅めの設定にしましょう。マルチメディアデイジー教科書の音声を聞き，追い読みすることで，音と文字を対応させて読みを習得させます。今，読んでいる文字をハイライトにしてくれるので，音韻認識の弱い子どもはもちろん，眼球運動の弱さがある子どもにも安心です。

❸ ルビや音声をなくして自分読み

　慣れてきたら，読み速度を上げます。また，ルビや音声をなくして自分で読んだりしていきます。教科書読みに移行してもよいです。

ポイント

　マルチメディアデイジー教科書を有効に活用することは，読みの弱さのある子どもに，安心を与えながら読みの力を強化することができます。特にディスレクシアの子どもたちには，毎日使用することをお勧めします。筆者が大阪教育大学のデイジー研究会で行った研究では，毎日マルチメディアデイジー教科書を使用すると，２年間で読み速度がかなり改善される結果が得られました。

【参考文献】
• 金森裕治・井阪幸恵・今枝史雄・楠敬太「読みに困難のある児童に対するマルチメディアDAISY 教科書等を活用した学習支援の効果 ―読み能力の経年変化を通じて―」大阪教育大学紀要，総合教育科学

第 2 章　学びにくさのある子どもへの学習支援アイデア　071

28 流暢に読むために
鉛筆でなぞる，書き写す

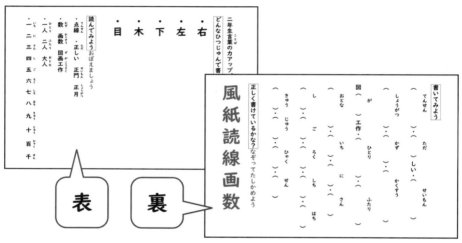

表　裏

指導のねらい

読みの力の向上に体性感覚を使います。

準備物

- 「二年生言葉の力アッププリント」
  - 読みにつなげたい文章をなぞれるようにしておく
  - 読みにつなげたい文章の書き写しができるように用意する

指導の流れ

❶ なぞり書きは，読みにも効果あり

なぞり書きの効果は，アイデア⓫でも紹介しました。体性感覚を使うことは，慣れてくると文字だけでなく，文章にも効果があります。文章を書き始める前の段階に，取り組ませてみてください。

❷ 書き写しも読みに効果あり

文章を書き写す時，音読してから書いたり，黙読してから書いたりします。読む，書くという作業で文章を確認する機会が増え，文章に慣れていきます。この時，短いですが記憶するトレーニングにもなります。

❸ 余裕があれば作文用紙の使い方も

少し長めの文章を書く余裕ができれば，作文用紙の使い方も指導します。段落を作って書く，会話文を書く，のように作文用紙の使い方を知らせるよい機会になります。

ポイント

最近は，思考力・判断力・表現力を養うことの大切さ，協働的な学習で共に学ぶことの大切さが強調されています。筆者も，その指導が大切だと考えて指導していますし，学習効果も大きいと考えています。一方で，支援が必要な子どもたちは，こういった学びだけでは戸惑い困ってしまうので，必ずこのような子どもが教室に何人かいるのだと理解していただきたいです。

以前の指導でよく行っていた書き写し学習（視写）は，読みの力にもよい影響があることを知っていただきたいです。できれば低学年の間に，文章を書き写す経験を積ませ，文章の書き方，作文用紙の使い方の習得にもつなげてほしいです。

第 2 章　学びにくさのある子どもへの学習支援アイデア　073

国語

29 流暢に読むために
スリット利用や指押さえ支援

> ももたろう
>
> むかしむかし、あるところに、おじいさんとおばあさんがすんでいました。
> ある日、おじいさんは山へしばかりに、おばあさんは川へせんたくにいきました。おばあさんが、せんたくをしていると、川上から大きなももがながれてきました。おばあさんは、いそいでももを、きしに上げました。
> 「なんと、大きなももだろう。きっとおじいさんがよろこぶわ。」
> といって、いえにもってかえることにしました。
> 大きなももを、ようやくもちかえって、おばあさんはおじいさんがかえるのをまちました。かえってきたおじいさんは、
> 「おや、まあ、大きなももじゃなあ。」
> とおどろきました。
> ふたりは、はなしあって、ももをきることにしました。おじいさんが、ほうちょうでももをきると、ももはふたつにわれました。そして、中から、男の赤ちゃんが出てきました。
> 「なんと、赤ちゃんが生まれたぞ。」
> おじいさんとおばあさんは大よろこびです。赤ちゃんは、ももから生まれたので、ももたろうと名づけました。

指導のねらい

流暢に読む力をつけます。

準備物

- スリット，カラールーラー等，子どもに合う読み支援用具

指導の流れ

❶ スリットやカラールーラー等，子どもに合うものを選ぶ

　スリットがあると集中できる場合もある反面，前後の情報が分かりにくいこともあります。図と地を見分ける力が弱かったり，白色のノートをまぶしく感じたりする場合は，カラー地にすることが有効です。この他に，カラールーラーは，読みたい場所に集中できる効果があります。何よりも優先したいのは，子どもが自分で選ぶことです。

❷ 文節で区切る，指で押さえる方法も

　子どもたちの中には，❶の道具を使うことに抵抗がある子がいる場合もあります。また，道具を使う次の段階で「文節で区切る」「指で押さえる」方法も有効です。読みの弱い子どもの中に，語彙力が弱い子どももいます。言葉を塊でとらえられないからです。助詞を意識させるトレーニングの一方，文節で区切ってあげたり，一緒に区切ったりすることで，読みやすくなります。読みの速さが出てきたら，指押さえも有効です。

ポイント

　マルチメディアデイジー教科書を使わない場合，読み支援として有効な方法を提示しました。子どもの実態に合わせることと，子どもの思いを大切にすることを心がけてください。

　どんなによい支援であっても，子どもが望まない支援は，逆に自尊感情を下げることがあります。子どもに寄り添い，話し合いながら進めるようにしましょう。また，こういった支援を受けることは特別ではなく，困っていたら誰でも使ってよい，という環境づくりも必要です。カラールーラーは100均ストアでも売っているので，「便利だから使う」という雰囲気づくりができるとよいです。

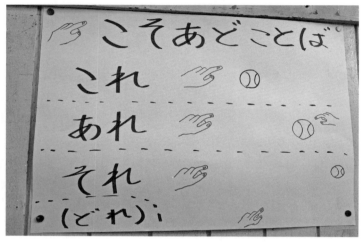

指導のねらい

こそあど言葉の位置関係を体感させます。

準備物

- 八つ切り画用紙にこそあど言葉の位置関係が分かる絵と言葉をかく

指導の流れ

❶ 教科書で,「こそあど言葉」の学習

教科書で,「こそあど言葉」の学習を済ませておきます。できるだけ体を使って位置関係を理解させます。

❷ これあれそれゲーム

クイズ形式で,「これは何でしょう」「あれは何でしょう」というように,「これ」「あれ」「それ」の言葉に慣れさせます。はじめは,先生が行い,子どもたちと入れ替わってするのも楽しいです。

❸ ○○はどこゲーム

これもクイズ形式で,今度は物を言ってからどこにあるかを答えるゲームです。「○○はどこ？」に対し,「○○はここ（こっち,こちら）」「○○はあそこ（あっち,あちら）」「○○はそこ（そっち,そちら）」のように使い分けます。これも,先生から子どもたちへとクイズを出す人が入れ替わると楽しいです。

ポイント

楽しみながら,「これ」「あれ」「それ」の位置関係を把握します。先生と子どもたちが入れ替わることで,少しずつ自信をつけていきます。遊び感覚で習得できます。

また,「これ」「あれ」「それ」と言っていたものが,物を先に言うことで,「ここ（こっち,こちら）」「あそこ（あっち,あちら）」「そこ（そっち,そちら）」のように言い方が変わったり,いろいろな言い方があったりすることを知っていきます。教科書で学ぶだけでは身につきにくい位置関係の言葉理解を,言葉遊びを通じて楽しく身につけるのです。

国語

31 誰が何をどうしたゲーム
主語・修飾語・述語を理解するために

⏱ 5分

指導のねらい

主語・修飾語・述語の役割を理解させます。

準備物

- A4コピー紙を4分の1程度に切っておく
- 「誰が」「何を」「どうした」のどれを書くか，役割を決めておく

指導の流れ

❶ 「誰が」「何を」「どうした」を紙に書かせる

　子どもたちに，役割分担で自分が担当する「誰が」または「何を」または「どうした」の部分を，配付された紙に書かせます。できるだけ，身近な内容で，楽しめる事柄を書くように声をかけます。

❷ 紙を集めて，黒板やホワイトボードに書いていく

　「誰が」「何を」「どうした」のそれぞれを集めて組み合わせていきます。子どもが楽しめるよう，分かりやすく調整することも考えます。

　黒板かホワイトボードに一つずつ紹介して書いていきます。「おとうさんが」「カマキリを」「たべた」と紹介すると，結果の意外さに喜び，楽しむことができます。

❸ 「主語」「修飾語（詳しくする言葉）」「述語」の言葉も使わせる

　慣れてきたら，「誰が」が「主語」，「何を」が「修飾語（詳しくする言葉）」，「どうした」が「述語」と言い換えながら，言葉に慣れさせていきましょう。

ポイント

　誰もが，子どもの時に何気なく取り組んだことのあるゲームです。楽しんでできるのがよいです。そこで，「主語」「修飾語」「述語」を意識して取り組ませるのです。難しそうな言葉も，楽しみながら習得していきます。また，この取り組みも一度ではなく何度か行うことで，言葉の役割を考えて工夫した言葉を使えるようになってきます。言葉遊びを，自分で考え表現の工夫をしながら，より楽しめるようになるのです。

国語

32 言葉の決まりを理解するために
助詞指導

5分

ももたろう

　むかしむかし、あるところに、おじいさんとおばあさんがすんでいました。
　ある日、おじいさんは山へしばかりに、おばあさんは川へせんたくにいきました。おばあさんが、せんたくをしていると、川上から大きなももがながれてきました。おばあさんは、いそいでそのももを、きしに上げました。
「なんと、大きなももだろう。きっとおじいさんがよろこぶわ。」
といって、いえにもってかえることにしました。
　おじいさんがかえるのをまちました。かえってきたおじいさんは、
「おや、まあ、大きなももじゃなあ。」
とおどろきました。
　ふたりは、はなしあって、ももをきることにしました。おじいさんが、ほうちょうでももをきると、ももはふたつにわれました。そして、中から、男の赤ちゃんが出てきました。
「なんと、赤ちゃんが生まれたぞ。」
おじいさんとおばあさんは大よろこびです。赤ちゃんは、ももから生まれたので、ももたろうと名づけました。

指導のねらい

助詞に着目させることで言語習得につなげます。

準備物

● 読ませたい文章の助詞に印をつけておく，または一緒に印をつける

指導の流れ

❶ 助詞を意識させる

　助詞を確認しましょう。格助詞が「を，に，が，と，より，で，から，の，へ，や」で，名詞の後ろにつきます。接続助詞が「と，が，て，のに，けれども等」で，文をつなぎます。副助詞が「は，も，こそ，さえ，のみ，くらい等」で，強調，限定，程度，例示，添加，題目等の役割をします。終助詞は「か，わ，よ，な等」で，文の終わりで，感動，禁止，疑問等を表します。これらを感覚でとらえられる子どもはよいですが，特に読みの弱さのある子どもは，名詞との切れ目が分かりません。〇や□で印をつけ，意識させることから始めましょう。

❷ 助詞で止まって読む練習を

　助詞を意識できたら，助詞までをできるだけ流暢に読み，一旦止まる練習をします。これを続けていくと，読みやすく聞き取りやすい読みになっていきます。また，言葉が語彙として身についていくのです。

ポイント

　読みに弱さがあると，逐次読みでは一字一字を読むことに精一杯で言葉としてとらえられないために理解につながりません。たどり読みになると，少し意味も分かってくることがありますが，なかなか語彙として身につくまでにはいかないです。そのため，助詞に印をつけたものを読み，次の段階で一緒に助詞を見つけて印をつけることは，言葉を意識させるために有効です。

　その上で，助詞を意識して読む練習は，言葉を塊としてとらえることができるので，語彙力に結びつきやすいです。これも，１年生から取り組ませることが大切です。くっつきの「は，を，へ」の指導から，意識づけをしていくと，楽に習得できるのです。

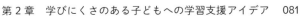

国語

33 音韻認識を育てるために
聞き取りトレーニング

```
○月○日の聞き取りトレーニング課題
①ことばあつめ
 ・「し」の入っていることばあつめ
②しりとり
 ・りんご→
③「い」とりことば
 ・いさいかいな（さかな）
④いれかえことば
 ・でばふこ（ふでばこ）
```

「聞き取りトレーニング解説」

指導のねらい

言葉を意味として理解させます。

準備物

- 「ことばあつめ」「しりとり」「『○』とりことば」「いれかえことば」のそれぞれを指導するための教材（参考「聞き取りトレーニング解説」）
- ホワイトボード，ボードマーカー

指導の流れ

❶ ことばあつめ

清音の文字を含む言葉集めから始めます。「し」のつく言葉なら，「しか」「たにし」「みしん」のように，言葉のどこかに「し」が入っていたら OK です。慣れてきたら拗音や促音の入っている言葉集めをします。自分でイメージしたり思い出したりしながら文字一音合わせの力を養います。

❷ しりとり

音を分解して，一番後ろの音につなげる練習は，音韻認識を育てる大切なトレーニングです。子どもと一緒に「はじめの言葉」を考えて，初期段階は３つつなげ，徐々に５つ，７つとつなげる言葉を増やしましょう。

❸ 「○」とりことば

音韻認識を育てる力を養います。指示した言葉から，「い」だけとか「た」だけとか，指定した音の文字を取るトレーニングです。難しい時は，聞いた音をホワイトボードに書き写させ，そこから指定した文字を消してもよいです。（例）「い」とりことば→「かいめ」の答えは「かめ」。

❹ いれかえことば

音を入れ替えて，一つの言葉を考える練習です。聞いた音を頭の中で入れ替える操作が難しかったら，ホワイトボードに書かせるようにしましょう。

ポイント

聞く力の弱い子どもには，ゆっくりとていねいに取り組ませましょう。１年生から取り組むことで，その後の国語への取り組みが楽になります。

【参考文献】
• 『いーらぼ発達支援テキスト２　聞く力トレーニングブック２』マインＥラボ・スペース

第 2 章　学びにくさのある子どもへの学習支援アイデア　083

国 語

34 語彙力を育てるために
言葉みつけ，言葉つなぎ，言葉のまとまり

⏱ 5分

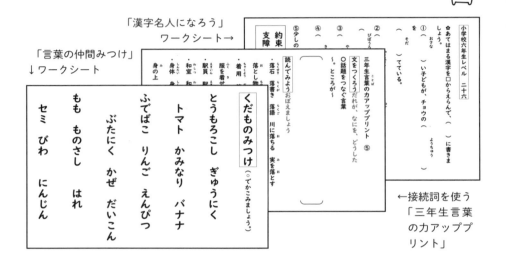

「漢字名人になろう」ワークシート→

「言葉の仲間みつけ」↓ワークシート

←接続詞を使う「三年生言葉の力アッププリント」

指導のねらい

言葉の語彙力を育てます。

準備物

- ⬇ カテゴリーとしてとらえられる「言葉の仲間みつけ」ワークシート
- ⬇ 言葉をつなぐ，接続詞を使うための「三年生言葉の力アッププリント」
- ⬇ 言葉を短い文で理解し，書きの力につなげる「漢字名人になろう」ワークシート

指導の流れ

❶ 言葉みつけ

「くだもの」「どうぶつ」等，カテゴリーで言葉を認識する練習になります。1年生では，言葉を仲間としてとらえる学習がありますが，1単元ですぐに終わってしまいます。ところが，これが，論理思考の基礎となります。1年生から，十分に身につけさせましょう。

❷ 言葉つなぎ

「そして」「ところが」等の接続詞を使って文を書く練習をしておくと，作文の力だけでなく，文の読み取りで意識化されます。通常の学級でも，本来はていねいに指導すると効果的です。

❸ 言葉のまとまりで文字学習

特に高学年になると，知らない言葉が漢字の熟語として登場します。辞書引きは有効ですが，時間をなかなか取れないこともあるため，熟語を覚える時に意味としてまとまりで習得させます。例えば，「少しの遅れは支障がない」と読んで覚えれば，「支障」が「大丈夫だ」「問題ない」と感じ取れます。

ポイント

語彙力は，家庭での会話が十分であると，自然と語彙力が増える場合もあります。また，読書が好きな子どもは語彙力が伸びやすいです。ところが，家庭の事情で会話が少なかったり，読書をすることが難しかったりする子どももいます。そのため，語彙力を身につけさせるための工夫も必要です。

今回，紹介したワークシート等は，すべて筆者の手作りです。関わる子どもたちに合わせて，少しずつ作ってきました。教科指導も大切ですが，教科に役立つ基礎の力づくりも行ってください。

35 語彙力を育てるために
名文の書き写し＆暗唱

ことわざ

*よんでみよう かいてみよう
① ななころび やおき
② こうかい さきに たたず
③ はやおきは さんもんの とく
④ ひゃくぶんは いっけんに しかず
⑤ どんぐりの せいくらべ
⑥ くちは わざわいの もと
⑦ すきこそ ものの じょうずなれ
⑧ こうぼうにも ふでの あやまり
⑨ ときは かねなり
⑩ ももくりさんねん かきはちねん
⑪ いぬも あるけば ぼうに あたる
⑫ いしばしを たたいて わたる

指導のねらい

語彙力を育て，言葉の力を豊かにします。

準備物

⬇「ことわざシート」
● 名文（詩や文学作品）

指導の流れ

❶ ことわざを読んでみよう，書いてみよう

　ことわざは，短く読みやすいです。ひらがなを覚えたら，音を楽しみながら読ませたり書かせたりして親しむことで言葉の力が増します。かるたで楽しむのもよいです。

❷ 詩を読もう，書こう

　詩は，子どもたちが親しみやすく覚えやすいものを選びましょう。筆者は，通常の学級担任をしていた時に，「詩」を週替わりで後ろの黒板に書いて音読，暗唱をさせることが多かったです。

❸ 名文を読もう，書こう

　名文は，日本文学に限るものではありません。現代文学でもよいです。優れた文章を音読したり書き写したりすることで，表現の工夫，比喩等に早くから触れ，教科書の文章にも抵抗なく親しむことができるようになります。

ポイント

　1年生の間から，ことわざや名文を音読することは，音読練習だけでなく，興味づけにもなり，聞き知っていたことで後の知識となります。
　音読だけでなく，暗唱をさせることが言葉の力をさらに向上させます。「ことわざ」「詩」「名文」等，子どもたちの発達段階や実情に合った教材を選んであげてください。場合によっては，教科書の中にある文章を使ってもよいです。毎週，隔週，月ごと，可能な範囲で続けていくと，子どもたちは自然と文章を読むことに慣れていきます。読み取りの力はもちろん，作文も自然と文章が浮かぶようになり，楽しみながら書けるようになります。

国 語

語彙力を育てるために
36 家族で会話・ニュースで会話

指導のねらい

語彙力やコミュニケーション力をつけます。

準備物

- 家族で会話をしたりニュースを一緒に見聞きしたりする時間の確保
- 友だちや先生との会話を増やす

指導の流れ

❶ 家族で会話

　家族が仕事で忙しく，基本的な生活に追われることも珍しくありません。会話をゆっくりする時間がない家庭も多いです。また，子どもはゲームやYouTubeの視聴をしていて，会話に参加していないこともあります。今は，意識して会話をする機会を増やすことが必要な時代になっています。家庭で学校であった出来事，どんな遊びをしているか，どんな友だちと遊んでいるのか等，様々な会話ができるとよいです。

　学校でも，意識して会話をすることは大切です。会話を増やせる工夫を学校でもしていきましょう。

❷ ニュースで会話

　高学年になってくると，社会で起こっている事象について考える学習が増えます。普段からニュースを見聞きして，社会で起こっている事象を聞き知ったり，ニュースで使われる言葉に慣れ親しんだりすることで語彙力が高まります。

ポイント

　私たちは，人との関わりや会話の中で語彙力を増やし，社会性を育てます。子どもたちは環境の影響を受けやすく，人との関わりや会話が少ないと言葉の力が育ちにくいです。家庭で会話を増やせるように啓発することも必要かもしれません。

　一方で，学校の中で，会話を増やす工夫をしたり，ニュースについて考えを話し合う機会を増やしたりしたいものです。子どもたちの言葉の力を高めるには，指導する立場にいる人の様々な工夫が望まれます。そして，言葉の力を高めた子どもたちは，生き生きと過ごせるようになるのです。

算　数

37 数量感覚を育てるために
おはじき・タイルトレーニング

5分

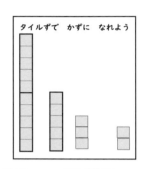

　　7　　　　　8　　　　　9

指導のねらい

具体物や半具体物で数に慣れさせます。

準備物

- おはじき（100個程度）
- タイル図（1個のタイルを10個，2個〜9個の塊を一つずつ，10個の塊を10個程度，100個の塊を10個）

指導の流れ

❶ 具体物で数かぞえ

　数の感覚は，まず「数える」ことから育ちます。「1，2，3…」と順番に数える経験から数に慣れます。日常の生活で，お菓子の数を数えたり，お手伝いでお皿の数を数えたりする経験も大切です。おはじきは操作しやすいので，「20より大きい数」の学習で，10を作る練習にも有効です。

❷ 指で数かぞえ

　指で10の感覚を養います。「1」と言われて1本，「6」と言われて6本の指をさっと出せる状況が望ましいです。これは，聴覚だけでなく，体性感覚からも数を認識するため，大切な活動です。その後，10の組み合わせを指で確認し，覚えていくとよいです。特に，数感覚の弱い子どもは，この活動をせずに学習を進めると，その後の学習でつまずきやすいです。

❸ タイル図で数かぞえ，量としてとらえさせる

　タイル図の操作に慣れるのも有効です。数に慣れるためには様々なもので数を数える練習が必要です。タイル図は，2～9まで，また，10の塊も用意し，量感覚もつかませましょう。100の塊も用意しておくと，大きな数の学習にもつながります。

ポイント

　数を視覚的にとらえて計算させる方法もあります。ところが，経験の少ない子どもは，体性感覚を使う方が習得が早いです。また，その後の算数や数学の習得状況から，指を使わずに成長した子どもの方が，抽象思考を行いにくくなるとの研究結果もあります。

【参考文献】・浅川淳司・杉村伸一郎「幼児における手指の巧緻性と計算能力の関係」発達心理学研究，20巻3号

算数

38 数量感覚を育てるために
2とび，5とび，10とびで100まで数え

↑2とび   ↑5とび   ←10とび

指導のねらい

2とび，5とび，10とびを習得して数の並びに慣れさせます。

準備物

- 2とび，5とび，10とびを100まで書いた表。2の倍数，5の倍数，10の倍数を大きめに書いて意識させる

指導の流れ

❶ 2とびを唱えよう

1学期は，20まででよいです。何度も唱えて覚えさせます。「に，し，ろ，や，と…」と，仮名を振ってあげてもよいです。1学期の終わりになったら，可能なら100まで唱える練習もしましょう。

❷ 5とびを唱えよう

2とびと一緒に唱えさせるとよいです。5とびは覚えやすいですが，無理はせず，1学期終わりには100まで唱えられるようにしましょう。

❸ 10とびを唱えよう

10とびは，すぐに読めるので，子どもたちは早い段階で100まで読もうとします。子どもの実態に合わせて，1学期終わりには100まで唱えられるようにしましょう。

ポイント

この表は，数に慣れさせ，数は並んでいるということを理解させます。2とびは1つ飛ばしで読んでいること，5とびは4つ飛ばしで読んでいることを触りながら体感させてもよいです。序数性や基数性の基になるため，唱えることで，聴覚からも入力されます。子どもたちは，リズムがよいので，言いながら手を叩くこともよくあります。体性感覚も使い，より効果的です。

これらの活動をしておくと，大きな数を3学期に学習しても抵抗なく取り組みやすいです。常時掲示し，唱えている時は耳から覚えます。

特に，10とびは，おはじきで作った10の塊を読む時にも必要です。2とび，5とびを徹底しておくと，九九の2の段・5の段も楽に覚えられます。また，5とびを徹底すると時計の学習にもつながります。

第2章　学びにくさのある子どもへの学習支援アイデア　093

算数

39 数量感覚を育てるために
位取りジャンプ

指導のねらい

　数の大きさを量としてとらえることが難しい子どもに，位ごとの数の大きさを体感させます。

準備物

- 八つ切りカラーケント紙（若草色，青色，黄色，桃色）
- 筆または太いマジックペン
- カラー養生テープ

指導の流れ

❶ まずは、数列を習得しよう

　数が1ずつ増え、2，3，4…と並んでいることを学習しておきます。その上で、「2とび」「5とび」「10とび」の数え方を習得させるようにしましょう。その後の学習習得（かけ算、グラフの目盛りの読み取り等）が容易になります。

❷ 次に、「大きな数」の学習で位取りを意識させよう

　数感覚の弱さのある子どもは、20より大きい数になると混乱しやすいです。1～100まで読む練習は、繰り返すことが大切です。指導の際は、必ず色分けした数列表を使いながら位取りを意識させましょう。この時、教科書の位取りの色と合わせるようにしましょう。1年生では、100までですが、漢字の「千」を習うので、位取りで「千」を意識づけしておきます。

❸ 位取りジャンプに取り組ませよう

　位取りを覚えても、それで数の大きさをイメージできているわけではありません。「『43』の『4』は何の位？」と質問しても、「一？」「十？」と答える子は多いです。そこで、「位取りジャンプ」に取り組ませます。まず、一の位の部屋からジャンプを始めて、「1，2，3，4，…10」で十の位の部屋へ、「10，20，30，40，…100」で百の位の部屋へ、「100，200，300，400，…1000」で千の位の部屋へ、とジャンプをしていきます。2年生は千の位の部屋へも飛ぶとよいでしょう。

ポイント

　数列を音読する活動、それによる聴覚情報からの習得は、動きを入れることで脳の活性化と位が変わることの意識づけができます。

算 数

40 数量感覚を育てるために
九九ケンケン

指導のねらい

数の並びと大きさをとらえさせます。

準備物

- Ａ４コピー紙に，数字を１から一つずつ書いてラミネートしたもの
- 九九の答えになるところは色づけし，上の写真のように，広い場所に養生テープで貼り付ける

指導の流れ

❶ 習った九九をケンケン跳び

習うごとに，九九ケンケンの表の上で跳びます。徐々に数の大きさを体感します。

❷ 2年生は，繰り返しケンケン跳び

九九習得は，音韻認識に弱さがある子どもにとって，大変難しいものです。「しいち」「しちし」等，よく似た音がいっぱいだからです。そのため，繰り返し唱える練習が必要です。九九ケンケンなら，視覚からも体性感覚からも大きさを唱えながら覚えることができます。

❸ 3年生以上も九九ケンケンで確認させよう

九九は一度覚えても，音だけで覚えると混乱しやすいです。3年生以上も，運動を兼ねて楽しく跳んでみましょう。

ポイント

九九ケンケンは，2年生に限らず，何年生でも取り組んでほしいです。覚えたつもりが，高学年になっても，「はちしち26」などと，全然違う大きさの答えを言う子どもがいます。改めて，九九ケンケンに取り組むことで，8の段の大きさを意識させれば，そのような答えにはなりません。

九九を覚える時に，「上がり九九」「下がり九九」「バラ九九」と唱えさせて，九九名人の認定証を配付することがあります。最終的には，バラバラでも答えが出てくるようにしたいですが，唱えるだけが方法ではありません。

九九を書いたプリントを，昨日よりも速くできるようになるのも一つの方法です。ワーキングメモリの小さい子どもは，九九表を見ながら問題を解き続けることで，徐々に定着することもあります。

算数

41 数量感覚を育てるために
位取り表掲示

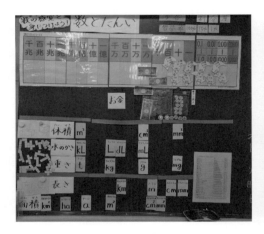

指導のねらい

位取りとともに単位の大きさを習得させます。

準備物

- 位取り表を，色を変えてＡ４コピー紙で用意し，その下に，「体積・水のかさ・重さの単位」についてと，「長さ・面積の単位」についてそれぞれ関係性が分かるように貼る
- 位取り表の一から一万には，お金のおもちゃを貼っておく

098

指導の流れ

❶ １年生には位取り表で10を意識させよう

　お金のおもちゃやおはじき等で，10集まれば位が上がることを意識させます。「両替」と声をかけるのもよいでしょう。

❷ ２年生以上には位取り表が10ずつどんどん大きくなることを意識させよう

　１年生で意識した位取り表が，２年生ではさらに増えていくことを感じさせます。そこで数の規則性を感じれば，「一，十，百，千」と繰り返されることが分かり，その後の大きな数の学習が楽になります。また，２年生からたくさんの単位を学習します。「L」は「dL」が10個，「mL」が1000個と視覚的に並びを覚えておけば，何度も確認しているうちに習得します。

❸ 「体積・水のかさ・重さ」と「長さ・面積」の違いを理解させよう

　単位をいろいろと習うと，大きさのイメージができず，混乱します。必ず，カラーケント紙を細く切り，分けて掲示しましょう。学年が上がったら，立体が三次元であることも理解させていきます。

ポイント

　筆者は，この位取り表を常時掲示にしています。低学年から意識させておくことで，少しずつ数の規則性を理解します。こうして慣れておくことで，高学年になった時にも抵抗なく取り組めるようになります。

　特に，視空間認知に弱さがあったり，量として大きさをとらえることに弱さがあったりする子どもたちは，推論が難しいです。位取りの隣が10倍，その隣が100倍と見ることができれば，この表を見るだけで関係性をとらえられます。これを繰り返すことで，それぞれの単位の関係性を感覚で理解していくのです。

第２章　学びにくさのある子どもへの学習支援アイデア

算数

42 数かぞえ
数量感覚を意識しながら計算手順を理解するために

⏱ 1〜5分

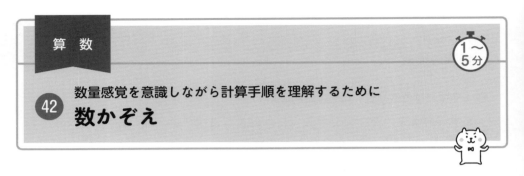

←2とび数列表

↑2とび数字タッチ表

指導のねらい

数を確実に数えることから、序数性の基の力をつけます。

準備物

- アイデア❸❽で紹介した数列表（2とび，5とび）
- 「2とび数字タッチ表」（2から30の数をバラバラに配置したプリント）
- 「5とび数字タッチ表」（5から100の数をバラバラに配置したプリント）

指導の流れ

❶ 数列表を見ながら，ノートに100までの数を書かせる

ノートに，100までの数を書き写させます。次に，１マスとばしで２とびの数を100まで書かせます。同じように，４マスとばしで５とびの数を100まで書かせます。10とびも書かせます。子どもたちは，「そういうことか！」と数の並びに気がつき，２とび，５とび，10とびの理解が進みます。

❷ 家でもお風呂で100まで数かぞえ

１年生の１学期は20まで，１学期が終わったら100まで数える練習をします。連絡帳等でお願いし，お風呂に入った時や，その他の可能な時間で一緒に100まで数えてもらいます。

❸ 「２とびタッチ」「５とびタッチ」で数列を活用

覚えた数列を思い出しながら，「２とびタッチ」「５とびタッチ」に取り組ませます。だんだんと速度が上がるので意欲が増し，また眼球運動のトレーニング効果もあります。

ポイント

数列表をノートに書かせると，子どもたちは数字の並びに気づきます。２とび，５とび，10とびと書いていくうちに，数の並びに納得して書く速度が増します。それを覚え込ませることは，九九の習得，倍数や約数の思考にも影響します。そのため，覚えた数列を活用することが有効です。そこで，アイデア❸で紹介した「数字タッチ」の応用で「２とびタッチ」「５とびタッチ」に取り組ませます。最初は２とびや５とびの並びを思い出しながらなので時間がかかりますが，脳内での記憶再生が早くなり，徐々に速度が増します。何より，楽しく取り組め，眼球運動のトレーニングになるのがよいです。

算数

43 数の呼び方のいろいろを知るために
数カードゲーム

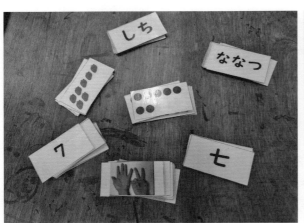

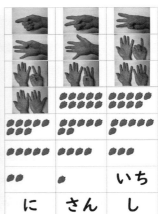

指導のねらい

様々な数の言い方を習得させます。

準備物

- 数カードは子どもがつかみやすい大きさにするため、Ａ４サイズに24枠程度取って作る。「指で１〜10」「具体物で１〜10」「半具体物で１〜10」「数字の１〜10」「いち〜じゅう」「ひとつ〜とお」「一〜十」をパソコンで作成し、印刷したものをラミネートする

指導の流れ

❶ 数には様々な呼び方があることを指導する

数列表を使ったり，口頭で「いち，に，…じゅう」のほか，「ひとつ，ふたつ，…とお」を読む練習をさせたりしておく。

❷ 数カードゲームで楽しく

1年生1学期から楽しめるゲームです。参加人数に合わせて，カードを机に広げます。先生が，「いち」と言ったら，関係する数のカードを取ります。たくさんカードが取れたら勝ちですが，「楽しかったね」を強調するようにしてください。

最初は，具体物や半具体物，指，「1～10」で実施します。ひらがなの習得が進み，数の様々な呼び方に慣れてきたら，「いち～じゅう」「ひとつ～とお」を入れて実施します。漢字を習うのは2学期なので，2学期から「一～十」を入れて実施してもいいですし，先取りで読み方を覚えることに取り組ませてもよいです。

ポイント

幼児期の経験がまちまちな1年生の中には，「ひとつ～とお」の数え方を知らない子どももいます。アイデア❸❽やアイデア❹❷と合わせて，数に親しむために実施したい活動です。

中には，思考に固さのある子どももいます。「1」と「ひとつ」が同じととらえにくい子どもには，みんなと一緒に数カードゲームをさせることで理解が深まります。先生が「いち」と言って，友だちが「ひとつ」を取る様子を見て学ぶ子どももいます。また，指で数を表せない子どもも増えています。アイデア❸❼で触れましたが，感覚を活用する方が，理解が早いです。遊びながら数を指で表す練習もさせるとよいです。

第2章 学びにくさのある子どもへの学習支援アイデア

算　数

44 繰り上がり足し算，繰り下がり引き算の習得のために
10はいくつといくつ？

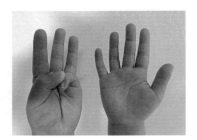

指導のねらい

10はいくつといくつかを徹底して覚えさせます。

準備物

- 常時掲示するための「10はいくつといくつの表」
  - 手元に常に置いて見られる大きさの「10はいくつといくつの表」
    ※手書きでもよいし，パソコンで打ったものでもよい

指導の流れ

❶ 事前に「10はいくつといくつ」の学習をしておく

「10までの数のいくつといくつ」の後,「10はいくつといくつ」を学習します。タイルを使って指導することが多いです。10を明確にしているので,子どもにはとらえやすいです。この他,具体物を使ったり,遊びの中で意識させたりして,10はいくつといくつに慣れさせましょう。

これと並行して,アイデア㊺の指を使った指導も効果的です。

❷ 「10はいくつといくつ」を忘れないために

常時掲示で,「10はいくつといくつ」の表をいつでも見直せるようにしましょう。覚える力が弱い子どもには,手元に表を置いておくとよいです。筆者は,筆箱の中に入る大きさに作ってあげたことがあります。

ポイント

算数の指導では,「合成」(合わせる)「分解」(分ける)と言い,数学では10の補数と言われます。子どもたちを指導する中で,合わせたり分けたりする操作以前の段階で,「いくつといくつ」が理解できればよいと考えています。その組み合わせさえ覚えれば,繰り上がり足し算や繰り下がり引き算は取り組めるのです。詳しくは,アイデア㊽で紹介します。

10までの足し算や引き算はどうにかできても,それ以降でつまずく子どもがいます。不安になることを防ぐため,まずは「10はいくつといくつ」を覚えさせます。繰り上がり足し算でも,繰り下がり引き算でも,もう一つのいくつを思い出すだけで計算ができるようになります。4年生のわり算の筆算にも影響するため,必ず身につけさせましょう。

なお,「10はいくつといくつ」の学習で,「10と0」も一緒に意識させておくと「無の0」に親しむことができます。

算　数

45　数を表す指サイン
10はいくつといくつを感じ取るために

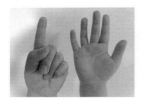
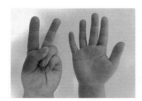
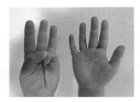

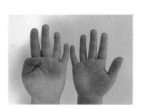

```
10はいくつといくつ
10 ○○○○○○○○○○          0
 9 ○○○○○○○○○          ○1
 8 ○○○○○○○○         ○○2
 7 ○○○○○○○        ○○○3
 6 ○○○○○○       ○○○○4
 5 ○○○○○      ○○○○○5
 4 ○○○○      ○○○○○○6
 3 ○○○     ○○○○○○○7
 2 ○○    ○○○○○○○○8
 1 ○    ○○○○○○○○○9
 0    ○○○○○○○○○○10
```

指導のねらい

10はいくつといくつかを体性感覚から覚えさせます。

準備物

- なし

指導の流れ

❶ 事前に「10はいくつといくつ」の学習をしておく

教科書や数のワークブックを使って学習することが多いです。その際，ブロックを使ったり，具体物を使ったりして数に慣れさせます。

❷ 指を使うことも大切

指で10を意識するために，「9出して1隠れている，10は9と1」「8出して2隠れている，10は8と2」「7出して3隠れている，10は7と3」「6出して4隠れている，10は6と4」「5出して5隠れている，10は5と5」と一緒に言いながら活動をさせます。

❸ 表を使って確認

指で見つけた「9と1」「8と2」「7と3」「6と4」の組み合わせは，「1と9」「2と8」「3と7」「4と6」と同じだと分かります。子どもたちに気づかせましょう。「9と1」「8と2」「7と3」「6と4」「5と5」だけ覚えればいいのか，と安心して意欲が増します。

ポイント

「指を使ったらダメ」と担任の先生に言われて，算数が怖くなった子どもがいます。筆者の教室に来た，算数で困っている子どもの中には，「ここに10がありますね」と指を出すと，「え？」と指を数え，「本当だ！」と驚く子がいました。身の回りの「数」というものに意識を向けたことがなかったのかもしれません。繰り返しこのことをお伝えしているのは，体性感覚を使った方が楽に学習でき，定着もしやすいことを知っていただきたいからです。自分の記憶の弱さのために，指を使い続ける子どももいますが，それを許容しながら少しずつ頭の中で操作させる練習をしていけばよいのです。

算数

46 速度の学習につなげるために
アナログ時計

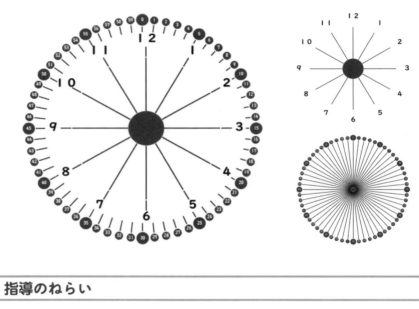

指導のねらい

1時間は60分というとらえを確実にします。

準備物

- 学習用の時計（時と分の目盛りが分けて書かれているもの）

指導の流れ

❶ 「時」の世界を探検

時計は、「時」の世界と「分」の世界に分かれていることを強調し、まずは「時」の世界から探検することを知らせます。「時」の世界は時計の内側です。12時は1時の直前まで、1時は2時の直前まで…と子どもたちと一緒に針を動かしながら確認します。これは、一回りが12の世界です。1年生は12まで、2年生では午前午後の二回りが1日と知らせていきます。

❷ 「分」の世界を探検

次に、「分」の世界を探検します。今まで、100の世界は知っていても、60の世界は初めてです。新たなものとして知らせることが大切です。「分」の世界は、一目盛りが1分、これまで学習してきた1ずつ増えたり、5とびで数えることができたりするところは既習の学習を活用できます。でも、60の次は、また1になるということをとらえさせます。

❸ 「時」と「分」を合わせた世界を探検

最後は、「時」と「分」を合体させて考えます。「分」が60になると、「時」が一つ増え、「分」は0になります。どの「時」にも1分から60分まであり、それを60分とは言わずに0分ととらえて、次の「時」が、また1分から始まり、同じことが繰り返されることを理解させていきます。

ポイント

目盛りを読む練習は、長さの学習で、ものさしの目盛りを読む力にもつながります。視点を動かしながら時計を読む力をつけます。これまで10進法を学習してきたため、戸惑う子どもがいます。12進法、60進法を感じ取らせながら、5年生で学ぶ速度の学習につながる指導をしていきたいものです。

算数

47 線を引くことの技術習得のために
1年生からの「ものさし」指導

指導のねらい

ものさしでまっすぐに線を引く力をつけます。

準備物

- ものさし（子どもに合わせて使いやすいものを選ぶ）
  ※1cmごとの目盛りに数字が書かれているものが見やすい。色は，子どもの見え方に合わせる。黒字がよい場合もある。裏にすべり止めがついているものさしもあり，必要なら検討する

指導の流れ

❶ 横線を引いてみよう

「直線」という言葉は、2年生で学習します。1年生では、聞き知っている程度でよいので、「まっすぐの線を直線と言います。ノートに直線を引く時は、ものさしを使います」と指導します。「まず、横線を引きましょう。ものさしは利き手と反対の手で押さえます」と実際にしているところを見せます。子どもたちに真似をさせたら、「次に、右利きの人は左から右へ、左利きの人は右から左へ線を引きます」と線を引く動作をします。子どもたちができたか確認します。ものさしを使って直線を引くという技術を身につけるには、結構時間がかかるため、最初は、まっすぐに引けなくて当たり前です。ものさしを動かしてしまい歪んだり、手を前に置きすぎて指の形を書いてしまったりするのも、次の成功の種にしてください。

❷ 縦線を引いてみよう

横線の指導の時と同じように、実際にやって見せて真似させます。「縦線の練習をします。ものさしを縦に置いて、利き手と反対の手で押さえます」と言い、子どもたちの様子を確認します。「上から下に線を引きましょう」と声をかけ、子どもたちにも線を引かせます。

ポイント

1年生から「ちょっとずつ慣れたらいいです。習うのは2年生だから」と声をかけながら線を引くことに慣れさせます。2年生の「長さ」の学習がすごく楽になります。親しんだものさしの目盛りの読み方を知り、楽しみながらcmやmmの単位を覚えることができます。利き手と反対の手の位置を教えるのも大切です。適切な指導をしないまま高学年になると、ものさしを上に置いて横線を引くということが起こります。

算　数

48 計算速度を上げるために
思考を視覚化した矢印計算

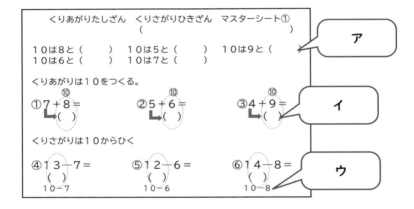

指導のねらい

繰り上がり足し算，繰り下がり引き算の苦手な子の計算速度を上げます。

準備物

「くりあがりくりさがりマスターシート」
　ア　「10はいくつといくつ」を確認するための問題
　イ　繰り上がり足し算３問（図参照：⑩, ↳, （　）, ○を書き入れる）
　ウ　繰り下がり引き算３問(図参照：（　）, 10－引く数, ○を書き入れる)

指導の流れ

❶ 10はいくつといくつを確認させよう

アイデア㊹で徹底して指導した「10はいくつといくつ」を思い出すために，アの（　）に書き込ませます。完全に覚えている子どもは書きません。

❷ 繰り上がりは10を作る

7＋8の場合，大きい方の数字に着目します。10を作るので8に足すのは，「あ！2だ」と（　）に2を書き込みます。○は「足す」を意味します。⬐は「あげる」ので「引く」を意味します。「7から2を引いて5，10作ったから答えは15」とすぐに答えを出せます。

❸ 繰り下がりは10から引く

13－7の場合，3－7はできません。3を隠して10－7をします。10－7＝3なので，（　）に3を書きます。○は足し算なので，「3＋3＝6，わ！もうできた」と答えを出せます。

ポイント

さくらんぼ計算で指導することが多いですが，さくらんぼ計算を書く作業に追われる子，さくらんぼ計算の視覚的な支援がなければ計算ができない子，さくらんぼ計算の意味が理解できず計算手順が分からない子，ワーキングメモリの小さい子等，子どもたちには様々な弱さがあることがあります。それでも計算を強いられ，恐々取り組んでいる子どもたちが安心して答えを導くことができるのがこの計算方法です。視覚支援とパターンで計算方法を取得し，安心して次のステップに進むことができます。ただ，取り組まないと忘れるため，繰り返し取り組ませてください。必要なくなれば，（　）への書き込みをなくし，答えのみ書かせるように導きます。

49 ワーキングメモリの弱い子どものために
筆算でも矢印計算

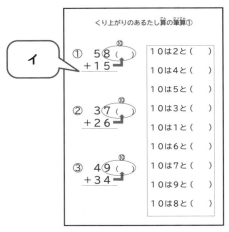
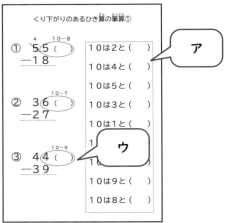

指導のねらい

繰り上がり足し算，繰り下がり引き算の筆算の計算速度を上げます。

準備物

「2年生くりあがりたし算筆算」「2年生くりさがりひき算筆算」
　ア　「10はいくつといくつ」を確認するための問題
　イ　繰り上がり足し算3問（図参照：⑩，⤴，（　），○を書き入れる）
　ウ　繰り下がり引き算3問（図参照：（　），10－引く数，○を書き入れる）

指導の流れ

❶ 10はいくつといくつを確認させよう

アイデア㊹で徹底して指導した「10はいくつといくつ」を思い出すために，アの（　）に書き込ませます。完全に覚えている子どもは書きません。

❷ 繰り上がりは10を作る

58＋15の場合，一の位を見て10を作るには8に足すのは，「あ！2だ」と（　）に2を書き込みます。〇は「足す」を意味し，↑は「あげる」ので「引く」を意味します。「5から2を引いて3」と一の位に3を書きます。「10できたから十の位に1をあげて，1＋5＋1＝7」と十の位に7を書きます。

❸ 繰り下がりは10から引く

55－18の場合，一の位の5－8はできません。10借りてくるので，十の位の5を消して4にします。10－8＝2なので（　）に2を書きます。〇は足し算なので，「2＋5＝7」となり一の位に書きます。十の位を見て4－1＝3なので十の位に3と書き，答えは37となります。

ポイント

現在の世の中は10進法が主流で，生活の中の多くの単位が「10」に由来し，表記されています。子どもたちが，自ら10の数の便利さに気づければよいですが，弱さのある子どもには難しいことです。筆算は手順が増えるため，「10を作る」「10から引く」というルールに従って簡易に答えを導き出せることは，ワーキングメモリの小さい子どもには安心につながります。学習の中で意味も教えますが，本質的な理解は後でも遅くはありません。計算の学習はどんどん先へ進んでいくため，まずは正しく計算できることが大事です。できるようになれば，（　）の支援なしで答えだけを書かせてください。

第2章　学びにくさのある子どもへの学習支援アイデア

算数

50 九九習得のために
ひらがな書き九九

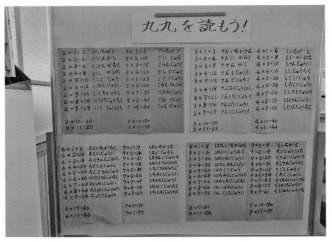

指導のねらい

九九を音読して正しい発音で覚えさせます。

準備物

- 九九を数字で書いた横に，ひらがなで読み方を書いておく。常時掲示し，何度も読むことを想定し，大きめに書く。四つ切り画用紙または色ケント紙に，2の段と5の段，3の段と4の段，6の段と7の段，8の段と9の段をセットで各1枚に書き込む

> 指導の流れ

❶九九の読み方を知ろう

　２年生になったら，２の段から少しずつ読む練習をします。次に５の段です。ここで，これまで徹底してきた「２とび」「５とび」と答えが同じであることに子どもたちは安心します。「３の段は『３とび』だ！」と意欲を持って進めていきます。音読練習のつもりで，ゆっくりていねいに読ませ，週替わりで段を進めるくらいのペースで取り組みます。

❷九九の読み方に慣れよう

　九九読みの２巡目に入ります。１回目よりは速くスムーズに音読することが目標です。１巡目と同じように，週替わりで段を進めていきます。読みながら，数のルールに気づく子どももいます。

❸九九を覚えよう

　３巡目は，覚えることを目標に音読をしていきます。２の段，５の段は，あっさり合格します。３の段以降も，音読を続けながら努力をさせます。

> ポイント

　食生活の変化やマスク生活の影響もあり，年を追うごとに子どもたちの舌の動きが弱くなっています。音韻認識の弱い子どもだけでなく，発音のあいまいな子どもも「さぶろく」「ししち」等と音読することが難しい傾向になっています。九九を音読することで，発音が改善した子どももいるほどです。そのため，ひらがなで一音一音を確認しながら九九を読む経験はとても大切です。九九の読み方がよく分からないまま，九九の歌やみんなが唱えている九九を聞いて，あいまいな音で覚え込むことがあります。この場合，後から覚え直してもなかなか修正できません。正しい答えが分からなくなります。

算　数

51 九九習得のために
かけ算の決まり

3分

```
九九をおぼえよう                （          ）

2×2=4
ににんがし
2×3=6         3×3=9
にさんがろく    さざんがく
2×4=8         3×4=12
にしがはち      さんしじゅうに
2×5=10        3×5=15        4×4=16
にごじゅう      さんごじゅうご  ししじゅうろく
2×6=12        3×6=18        4×5=20         5×5=25
にろくじゅうに  さぶろくじゅうはち しごにじゅう   ごごにじゅうご
2×7=14        3×7=21        4×6=24         5×6=30         6×6=36
にしちじゅうし  さんしちにじゅういち しろくにじゅうし ごろくさんじゅう ろくろくさんじゅうろく
2×8=16        3×8=24        4×7=28         5×7=35         6×7=42
にはちじゅうろく さんぱにじゅうし しちにじゅうはち ごしちさんじゅうご ろくしちしじゅうに
2×9=18        3×9=27        4×8=32         5×8=40         6×8=48
にくじゅうはち  さんくにじゅうしち しはさんじゅうに ごはしじゅう   ろくはしじゅうはち
                              4×9=36         5×9=45         6×9=54
                              しくさんじゅうろく ごっくしじゅうご ろっくごじゅうし


7×7=49
しちしちしじゅうく
7×8=56        8×8=64
しちはごじゅうろく はっぱろくじゅうし
7×9=63        8×9=72         9×9=81
しちくろくじゅうさん はっくしちじゅうに くくはちじゅういち
```

指導のねらい

九九を覚えられない子どもがかけ算の答えを言えるようにします。

準備物

- 「九九の歌」（子どもが好きなものを選ぶ）
- 「九九表」（一般的な九九表は常時掲示しておく）
- 「かいだん九九」（かけられる数とかける数が入れ替わった九九を省いた九九の表）

118

指導の流れ

❶ 九九の歌を聞こう

　２年生になったら，できるだけ毎日聞いて歌えるようにしておきます。

❷ 九九を覚えよう

　ワーキングメモリの小さい子どもや音韻認識の弱い子どもは九九を覚えることが難しいです。かけ算の学習が２学期に始まる前に練習を始めるのが望ましいです。１学期の終わりに練習し，夏休みには家庭でも九九を唱える練習をしてもらいます。

❸ かいだん九九も参考に

　学習を進めると，かけ算の決まりは，「かけられる数とかける数を入れ替えても同じ答え」と気づきます。そこで「かいだん九九」の登場です。九九を練習しながらも，これだけは特にしっかり覚えさせます。

ポイント

　ワーキングメモリの小さい子どもにとって，九九を覚えることは至難の業です。また，音韻認識の弱い子どもは，「し」「しち」等がややこしく，覚える段階で混乱することがしばしばです。視覚的な強さがあれば，見て覚えて，４×７＝28と答えを書ければ，九九を唱えなくても大丈夫と言えます。いずれにしても，繰り返すことが要になります。九九を言わずに覚える場合，視覚だけに頼るので忘れやすくなります。この時，かけられる数とかける数が入れ替わった九九を省いた「かいだん九九」が有効になります。覚える九九が半分になり，気持ちも楽になります。かけ算の問題が解けていれば，九九を言えなくても繰り返し学習で定着させましょう。大切なのは，子どもが意欲を持ち，学び続けることです。今できる方法で身につけさせましょう。

算数

52 算数言葉の習得のために
意外と難しい算数言葉の音読

音読しておぼえよう！1がっきの算数
① 100が10こで1000
② 999より1大きい数は1000
③ 午前は12時間
④ 午後は12時間
⑤ 1日は24時間
⑥ 1時間は60分
⑦ おひるの12時を正午という。
⑧ 午後3時から15分後は午後3時15分
⑨ 午前7時から午前10時まで3時間
⑩ まっすぐの線を直線という。
⑪ cmの読み方はセンチメートル
⑫ mmの読み方はミリメートル
⑬ 1cm＝10mm

音読しておぼえよう！2がっきの算数①
① 1あたりの数×いくつ分＝ぜんぶの数
② 1L＝10dL（リットル／デシリットル）
③ 1L＝1000mL（リットル／ミリリットル）
④ 3本の直線でかこまれた形は三角形。
⑤ 4本の直線でかこまれた形は四角形。
⑥ 三角形や四角形のまわりの直線は辺。
⑦ 三角形や四角形のかどの点は頂点。
⑧ 紙をおり目がかさなるように4つおってできた形を直角という。
⑨ 角がみんな直角の四角形は長方形。
⑩ 角がみんな直角で辺の長さが同じ四角形は正方形。
⑪ 直角の角がある三角形は直角三角形。

指導のねらい

算数で出てくる言葉に慣れ，習得させます。

準備物

- 各学年で新しく出てくる算数用語を，3単元分くらいを暗唱できるように一文にまとめて，1ページに整理する。パソコンでA4サイズに仕上げる
- 繰り返し読めるようにラミネートしておく

指導の流れ

❶ 習う前から音読して言葉に慣れさせよう

学年が上がったら，すぐに毎日音読を始めます。最初は，言い慣れない言葉に詰まることもありますが，どんどん上手になります。

❷ 学習が始まったら，何度も確認させよう

例えば，「1cmは，え？何て読むのだったかな？」となるのが2年生です。そこで，教えずに「算数音読」を見直させます。「あ，センチメートルだった！」と自分で確認することで記憶にとどまりやすくなります。そこで声かけをしたら，聴覚情報だけの記憶で忘れやすくなります。できるだけ，エピソード記憶にして，長期記憶に残るように工夫しましょう。

❸ 学習が終わっても，繰り返し見直しを

学習が終わると，記憶がどんどん薄れます。繰り返し学習のための復習プリントを常に用意し，忘れていたら思い出すために「算数音読」を手元に置いておくと定着していきます。

ポイント

音読が言葉の習得に役立つのは，国語だけではありません。子どもたちにとって，算数用語は耳にしたことのない難しい言葉なのです。国語の教科書を何度も音読し，知らなかった言葉を自分が使えるものにするように，算数用語も使えるものにしましょう。事前に，「算数音読」をしていた2年生の子どもが，「水のかさ」の学習をしている時に，「1L＝（　　）dL」という問題を見て，「1リットルは10デシリットル，……ああ！10だ！」とつぶやいていたことがありました。LマスやdLマスを使った学習をしましたが，それよりも音読で唱えた言葉がすっと出てきて思い出すことができました。

算数

53 算数の論理思考を支援するために
かけ算筆算☆あの手この手

かけ算の筆算

2けた×2けた

23×38

かける数が一の位の計算
3×8＝ 24
20×8＝+160
184

かける数が十の位の計算
3×30＝ 90
20×30＝+600
690

184
+690
874

指導のねらい

かけ算の筆算の手順を，視覚化して習得させます。

準備物

- 視覚化した様々な計算方法を手元のヒントカードにできるよう，ラミネートしておく

指導の流れ

❶ かけ算の筆算を指導しよう
教科書にあるように、かけ算の意味を考えてから、よりよい計算方法を考える機会を持ちましょう。

❷ 計算手順を確認させよう
計算手順を一度習得しても、ワーキングメモリの小さい子ども、視空間認知や数量感覚に弱さがある子どもは、すぐに手順が混乱します。視覚的な支援を提示すると、とても安心します。その子どもの理解に合わせて、よりよい方法を見つけてあげてください。

❸ 復習で計算手順を確認させよう
学年が上がっても、かけ算の筆算を復習すると分からなくて手が止まることがあります。この段階になると、図の左にあるように、手順を示したヒントカードが分かりやすいと言う子が多いです。色や矢印で工夫するとよいですが、色覚多様性の観点から、使用色も配慮します。

ポイント

意味で理解できるように授業を工夫しても、振り返ってかけ算の筆算に取り組むと、さっぱり分からなくなる子どもがいます。子どもが、「ああ、そういうこと。それなら分かる」という方法を一緒に見つけてあげましょう。

特に、しばらく時間が経ってから取り組む時は混乱します。色分けの計算方法は、「これがあったらできる！」と安心して取り組めることが多いです。

はじめから数多く取り組ませて計算速度を上げようとするとストレスを与えます。少しずつの練習を繰り返し、ヒントカードがいらなくなった頃から、少しずつ問題数を増やして速度を上げるようにしましょう。

算　数

54 算数の論理思考を支援するために
わり算筆算☆あの手この手

わり算の筆算

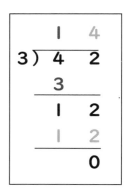

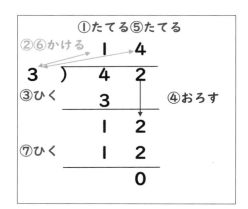

指導のねらい

わり算の筆算の手順を，視覚化して習得させます。

準備物

- 視覚化した様々な計算方法を手元のヒントカードにできるよう，ラミネートしておく
- 常時掲示にするため，同じ内容を大きめに作っておく

指導の流れ

❶ わり算の筆算を指導しよう

教科書にあるように、わり算の意味を考えてから、よりよい計算方法を考える機会を持ちましょう。

❷ 計算手順を確認させよう

わり算の筆算は、手順が多く、かけ算の筆算以上に視点の移動が多いです。❶の学習段階で、何となく分かったような気がしても、少し時間が経つとさっぱり分からなくなることもよくあります。ワーキングメモリの小さい子ども、視空間認知や数量感覚に弱さがある子どもは、特に分からなくなります。視覚的な支援を提示するとともに「立てる、かける、引く、下ろす」と唱えながら計算することも大切です。

❸ 復習で計算手順を確認させよう

手元にヒントカードを置き、また、常時掲示のヒントを頼りに、「立てる、かける、引く、下ろす」と言いながら計算手順に慣れさせます。

ポイント

わり算の筆算は、3年生で学習するわり算が分からないと、とても混乱します。2年生で九九を徹底し、「□×5＝35」のように穴あき九九と言われる練習もしておきます。すると、3年生で学習するわり算には抵抗なく取り組みやすいです。そして、筆算という形でも取り組ませておきます。

「72÷8」はすぐに答えを出せますが、$8\overline{)72}$ という形に慣れておくだけで、視点の動かし方を理解しておけます。そして、「立てる、かける、引く」作業の手順も理解しておけるのです。弱さがあるからこそ、先取り学習で形に慣れさせてあげることが安心につながります。

算　数

55 算数の論理思考を支援するために
10倍，10分の1は位取り表でイメージ

指導のねらい

位が一つ上がるごとに10倍，一つ下がるごとに10分の1になる数の仕組みの理解を促します。

準備物

- 色ケント紙を矢印の形にして「10倍，×10，10こぶん」「$\frac{1}{10}$，÷10，10でわける」と書いて位取り表に貼る。子どもの学年で学ぶ位を意識させるようにする

指導の流れ

❶ 1年生で1が10個で位が上がることを学習したら位取り表を意識させる

「1が10個で10」と学習しても，おはじきやブロック等で操作するだけでは位取りを意識することは難しいです。1年生から位取り表を意識させることで，「10集まったら一つ位が上がる」と意味づけます。

❷ かけ算を学習したら「10倍，×10」も意識させる

2年生でかけ算を学習したら，「10倍，×10」も一緒に教えます。ここで「10倍，×10」は0が1個増えるだけ，と気づかせる工夫もしましょう。数量感覚の弱い子どもは，数を見るだけでも「分からない」とストレスを抱えやすいので，こちらから「見て見て，10倍（×10）になったら，ほら，0が1個増えるだけ。簡単ね！」とあえて声かけするのもよいです。

❸ 常に位取り表を意識させる

新たな単位を学習したら，位取り表を使って関係性を確認します。例えば「1mは，100cmだから位取り表では10個分，もう一つ10個分，100個分」と視覚的に確認します。こうして常に位取り表を意識させると，「100倍，×100」を学習した時に抵抗なくイメージをすることができます。

ポイント

ワーキングメモリの小さい子ども，視空間認知や数量感覚の弱い子どもは，計算のミスを重ねるために自信を失います。一方，4年生以降の学習では，推論が大切になります。これは，計算とは別の思考なので，計算に抵抗のある子どもも，算数活動の中で「分かる」ことが増えていきます。この「位取り表を意識させる」活動は，4年生以降の算数で「分かる」を増やすための礎となります。子どもたちの自尊感情を向上させることができます。

第2章　学びにくさのある子どもへの学習支援アイデア　127

算数

56 算数の論理思考を支援するために
算数用語の掲示

 1分

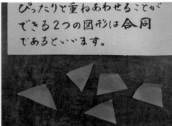
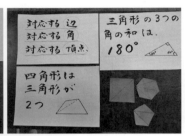
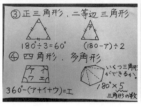

指導のねらい

算数用語をいつでも確認できるようにして定着させます。

準備物

- 既習の算数用語を八つ切り画用紙や色ケント紙に書いておき，常時掲示しておく

指導の流れ

❶ 新しく学習した算数用語を掲示しよう

ワーキングメモリの小さい子どもだけでなく，多くの子どもが新しく学習した算数用語をすぐに忘れます。アイデア㉖で紹介したように，「忘れてしまうものだ」と理解して指導することを心がけましょう。

❷ 「思い出し」のための復習をして，掲示物を意識させる

単元学習の間にも，少し復習する時間を取りましょう。その時，「えっと，どうだったかな？」と子どもがつぶやいたら，掲示物を指さして確認させます。自ら掲示物を使って再学習することで，記憶に定着させるのです。ここで，必要なら教えますが，できるだけ自力で思い出させることが大切です。

❸ 新しい単元でも既習内容の確認に掲示物を使おう

算数は既習学習を積み上げるので，新しい単元に入った時に既習学習を振り返ることが大切です。その時に使用していた掲示物を使うと，「思い出し」に有効です。その時の学習記憶が戻りやすいです。

ポイント

算数用語は，日常用語ではないので忘れやすいです。5年生になって，「四捨五入」「直方体・立方体」と言われても分からなくなる子どもがいます。特に，図形の用語は混乱しやすいため，常時掲示して，言葉に慣れさせることが安心につながります。ここで気をつけたいのは，常時掲示が「景色」になってしまうことです。そこで，教える側が意識をして「思い出し」の復習を取り入れます。その際に，学習した時に使用した掲示物を見直すことで記憶を再認識し，定着へと導きます。

算数

算数の論理思考を支援するために
57 図形の面積，体積の求め方掲示

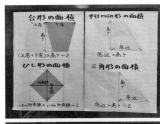
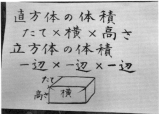

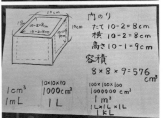

指導のねらい

図形の面積，体積の求め方を習得させます。

準備物

- 既習の面積，体積の求め方を八つ切り画用紙や色ケント紙に書いておき，常時掲示しておく

指導の流れ

❶ 新しく学習した面積，体積の求め方を掲示しよう

算数用語と同じく，ワーキングメモリの小さい子どもだけでなく，多くの子どもが新しく学習した面積，体積の求め方をすぐに忘れます。具体物を使って，「なぜそうなるのか」を理解させながら学習を進めることが，まず大切です。その時に，掲示物の意味を共有しておきます。

❷ 「思い出し」のための復習をして，掲示物を意識させる

単元学習の間にも，少し復習する時間を取りましょう。特に視空間認知の弱い子どもは，学習段階では十分に理解できていないことが多く，さっぱり思い出せない状況が起こります。できれば，具体物も用意して触りながら感覚を利用して確認できるとよいです。常に掲示物も意識させ，徐々に，掲示物だけでも思い出せるようにしていきます。

❸ 新しい単元でも既習内容の確認に掲示物を使おう

図形は，様々な形があり，視空間認知の弱い子どもは混乱しがちです。新しい単元に入った時に既習学習を振り返り，三角形，四角形，長方形，正方形等を確認します。掲示物で思い出し，次の学習に進みやすくなります。

ポイント

学年が上がっても，「三角と四角って何が違うんだっけ？」と尋ねる子どもがいます。安心して尋ねられる環境であることに安堵していると，横からもう一人の子が，「とがっているところが，三角は3つで四角は4つ。ほら」と掲示物を指さします。すると，「ああ，そう見たらいいのか！」と納得する場面に出合うことがあります。子どもたち同士の協働学習を大切にしながら，何度も学び直しができる掲示物が子どもたちの安心を作ります。

算数

58 算数の論理思考を支援するために
分数の通分手順の掲示

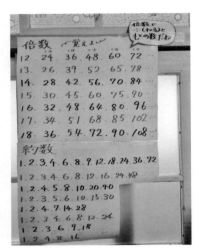

指導のねらい

通分の仕方を，手順通りに理解できるようにしていきます。

準備物

- 四つ切り画用紙に，通分の仕方を2つのパターンで理解できるように書き込む。色マジックで色分けしておく

指導の流れ

❶ 分数の足し算，引き算の指導をしよう

まず，分数とは何か，分数の大きさについて復習します。この時，分母や分子の算数用語の確認をしたり，2分の1と4分の2等は同じ大きさであることを思い出させるようにしたりします。そして，教科書を使いながら，「分数の足し算，引き算」の学習をします。

❷ 通分の仕方を理解させよう

通分の仕方を理解させるには，手順の掲示が有効です。パターン1では，分母を揃えるために，最小公倍数を見つけます。パターン2では，一方が倍数になっているため，もう一方の分母を同じ数に合わせます。いずれにしても，通分して仮分数になったら帯分数にする，約分できるなら約分をするという作業が続きます。すべて手順が分かるように掲示をしましょう。

❸ 10以上の倍数や約数を掲示しておこう

通分で，多くの手順で解いていると，ワーキングメモリの小さい子どもや数量感覚の弱い子どもは疲弊してきます。そのため，九九で処理できない倍数は掲示しておきましょう。繰り返し使ううちに，その倍数にも慣れてきて，ある程度は記憶できるようになります。

ポイント

5年生の通分でつまずき，気持ちまで落ちてしまうことがあります。「これって，生活にいる？」と言い出す子どももいます。「我慢して取り組むことも大事だし，論理的な思考は生きるために役立つよ」と筆者が子どもに話したこともあります。こういった辛い気持ちを軽減するための掲示物は，「これがあれば解ける！」と自信をつけるためのものでもあります。

第2章　学びにくさのある子どもへの学習支援アイデア　133

59 算数の論理思考を支援するために
線分図，数直線の利用

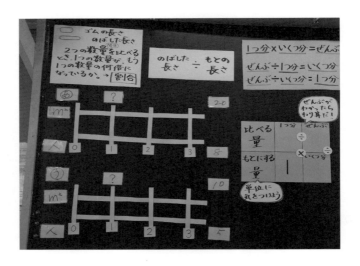

指導のねらい

線分図を手がかりに，文章問題を解くことができるようにします。

準備物

- カラーケント紙を細めに切って数直線を作る
- カラーケント紙を3〜4cm角に切り，「0, 1, 2, 3…」と数字を書き込む。5×7cm角も作り，ラミネートしておく

> 指導の流れ

❶ 2年生で◯◯◯からテープ図へ

　1年生では，具体物を使うことが優先され，◯◯◯と枠で囲むことでテープ図への意識を高めています。2年生では，テープ図に表現することで演算決定の手がかりとします。でも，実際には，文章が複雑になると混乱する子が多いです。そのため，この段階から，テープ図に表すことに慣れていく必要があります。

❷ 数直線を理解させよう

　3年生から数直線が出てきます。自分の考えを説明するツールにするには，とても便利です。常に使う練習をさせて，慣れることが大切です。

❸ 線分図で2つの数量の関係を理解させよう

　4年生以降になると，2つの数量を比較する学習が出てきます。ここで，線分図を使うと有効です。「比べる時は線分図」と慣れさせておけば，考えるためのツールとなります。

> ポイント

　テープ図，数直線，線分図は，学習した一時だけ使っても，自分の考えを表すためのツールにはなりません。普段から使っていてこそ，です。

　2つの数量を比較する時，和差積商のルール理解も徹底しておきましょう。例えば，2年生で学習するかけ算は，「1あたりの数×いくつ分＝全部の数」です。これは，「もとにする量×割合＝比べる量」と同じ考え方でできていることが分かれば，「比べる量÷割合＝もとにする量」も出てきます。

　どうしてもこれでは理解できない子どももいます。視空間認知の弱い子どもは，図示することで余計に混乱します。アイデア❻で改善法を紹介します。

算数

60 算数の論理思考を支援するために
助詞の意識化

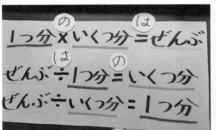
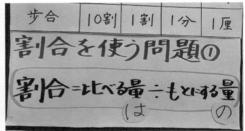

指導のねらい

助詞を手がかりに，文章問題を解くことができるようにします。

準備物

- アイデア59で使用した掲示物を使用する。カラーケント紙を丸く切り取り，㋐や㋩をいくつか用意し，掲示物に合わせて貼っておく

指導の流れ

❶ 線分図を使用した「割合」の指導をしておこう

アイデア(59)の線分図を使いながら，２つの数量の関係を理解する学習をしておきます。

❷ 助詞でも理解させよう

❶で使った掲示物すべてに，(は)や(の)の助詞を貼っておきます。図示するだけでは理解しにくい子どもたちが，助詞を手がかりに理解を始めます。例えば，「Ａのテープ(は)Ｂのテープ(の)80％」の時，Ａのテープが比べる量で，Ｂのテープがもとにする量になります。Ｂのテープが10ｍなら

Ａのテープ　(は)
Ｂのテープ　(の)

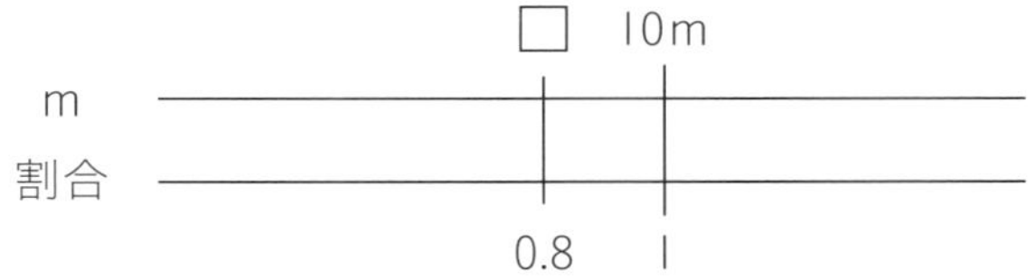

となり，Ａのテープは10ｍ×0.8＝８ｍと演算できるようになります。

ポイント

視空間認知の弱い子どもの場合，言語面の力が強いことが多いです。図示することが子どものため，と頑張っても，実は全く理解につながっていないことがあります。子どもの強みを生かすことで解決することもあるので，子どもの実態に寄り添いながら提示しましょう。この時，「(の)がもとにする量」と言葉を確認することも必要です。また，常時掲示にして確認できる環境も大切です。子どもの理解の仕方も「多様性」があります。決して一辺倒にならない柔軟性を，私たち教える立場にある人が持たなければならないと言えます。これは，教科書の指導書にも，学習指導要領にも書いていません。子どもに寄り添い，子どもの意見を尊重することから生まれてくるのです。

算 数

61 ワーキングメモリの弱さのために
掲示を手がかりにしたテスト支援

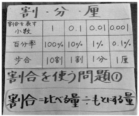
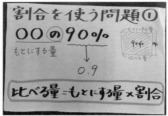
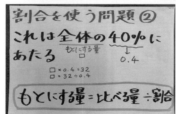
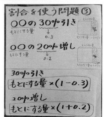

指導のねらい

支援を手がかりに安心しながら自力でテストに取り組めるようにします。

準備物

- 学習段階で画用紙やカラーケント紙に書き込んで作成した掲示物

指導の流れ

❶ 学習段階で掲示物を確認しよう

　学習は、教科書やドリル、プリント等を使って進めます。その中で、常に掲示物を使って意味を確認させましょう。自分で音読させたり、説明させたりする機会を持ちましょう。

❷ テストで掲示物を参考にさせよう

　単元ごとのテストをする頃は、ワーキングメモリの小さい子どもを中心に、まだ内容理解が定着していないことが多いです。「明日がテスト」と予告されると休んでしまう子どももいます。テストを受ける際に、安心して取り組めることが求められます。そのため、それまでの学習で使ってきた掲示物を思考の手がかりにさせてあげる環境設定が有効です。時には、声かけも必要かもしれません。それでも、「テストに取り組むことができた」という経験は自信につながります。

ポイント

　私たちの脳は、少し難しい課題に直面することを繰り返して発達していきます。子どもたちが学習することは、その繰り返しの連続です。そこで、失敗を繰り返したら、自信がなくなり、不安にかられ、逃げ出したくなります。算数は、答えが明確なために、失敗も明確です。例えば、計算ドリルの家庭学習をして、次の日に丸つけをしたら全部間違いだったということも大きな失敗と感じさせてしまいます。私が見直すと、実は問題の写し間違いだったり、繰り上がりをすべて忘れていたりといった、簡単な間違いであることが多いです。それでも、子どもにとっては、全部間違えた＝自分は馬鹿だと感じてしまうのです。教える立場の私たちが、傷つきやすい子どもの心を理解し、細心の注意を払って自信をつけていくことが求められるのです。

算数

62 算数の理解を進めるために
学習の系統性への理解

5分

指導のねらい

算数を系統的に理解することで学習内容の理解を深めます。

準備物

- 学習段階で画用紙やカラーケント紙に書き込んで作成した掲示物

指導の流れ

❶ 既習の学習を理解させよう

　学年が上がるほどに多くの確認をする必要があります。算数が，系統的に学習できるようにカリキュラムが作られていることを知らせることは，特に高学年で有効です。これまでの学習が，どのように積み上げられてきたかを知り，次にどのようにつながるかを知れば，学習意欲へと導くことができます。筆者の通級指導教室では，多学年が同時に算数の学習をすることが多いです。各単元は，同時期に学ぶように組まれており，５年生が「割合」を学習する頃には，６年生が「比」を学習します。それを知り，お互いに嬉しそうに取り組むことがよくあります。また，２年生が「はこの形」を学習していれば，５年生は「角柱と円柱」で見取り図や展開図を学習します。互いの学習内容を知ることで，「頑張ろう！」という気持ちが湧いてくるようです。

❷ 既習内容を意識しながら単元学習を進めよう

　既習内容を理解し，意識できれば，単元学習の理解が深まります。論理処理ができるようになり，考えをまとめられるようになっていきます。

ポイント

　学年間の単元の系統性は，もちろん指導者が理解するべきものです。それを，子どもたちにもしっかりと意識づけることで理解が深まります。
　各学年で学んだことを意識しながら系統立てると，成長している自分を感じることができます。今一度，学年間の学びの系統性を確認してください。また，各学年の教科学習間にも体系的な学びがあります。生活科，総合的な学習の時間等だけでなく，学びを生かす場面づくりは意欲につながります。

おわりに

　この本を書いている間にも，多くの先生方との出会いがありました。子どもに向き合い，毎日奮闘される中，どのように関わればよいのか，どのように指導していけばよいのかを悩まれている先生は多いです。どの先生も熱意を持たれているだけに，参考になることが伝わると，先生方の目が輝かられます。話していた筆者が嬉しくなる瞬間です。

　本書の内容は，主に通級指導教室で学ぶ子どもたちを想定しています。少し困っている子がたくさんいます。でも，困っていることをそのままにしたら，その困りがもっと大きくなってしまいます。できるだけ早く対応してあげることが一番です。そのため，早期に様々な視点からアセスメントを行い，子どもの状況を把握することも大切です。例えば，１年生の１学期でひらがなの清音を習得していなければ，通級指導教室を利用することを勧めます。２学期に入れば，カタカナも漢字も覚えていかなければいけないからです。通級指導教室で身体から整え，認知機能のバランスをできるだけ改善し，その子に合わせた学習の方法で習得させていきます。

　大切なのは，どの子も通常の学級の中で学ぶことによる効果が大きいということです。人は，人との関わりで成長するからです。そのため，通級指導教室では，常に通常の学級での学びに戻ることを意識しながら学習を進めていきます。筆者は，通級指導教室は，通常の学級で学ぶための道具を揃えるところと伝えています。子どもたちが安心しながら自信をつけることができれば，自然と通常の学級で学ぶことを望むようになります。この，「安心」が本書のキーワードとも言えます。

　現在，学校へ登校することができない，登校することがしんどいと思う子どもが増えています。その傾向の多くは「不安」「無気力」に由来します。

子どもたちが元気に過ごすため，やる気を持って取り組めるようにするために，本書の取り組みの工夫が役立つと考えています。

　子どもたちは，一人一人が違う人間なのです。それは，私たちの脳は大変複雑にできていることと関係があります。「多様性」という言葉がぴったりなのです。ところが，かつての指導は画一的でした。画一的であるために，違う考え方をしている自分に自信をなくしてしまう子どもがいたことも知っておいていただきたいです。今，そしてこれからは，「多様性」を理解した柔軟な指導をすることが求められます。その考えも本書からご理解いただければ幸いです。

　そのため，確認しておきたいことがあります。本書で提示した指導は，関わった子どもたちに合わせた一部の指導法です。全く理解できない段階にいて，それでも学習を進めなければいけない時に，「成功体験をさせるため」「理解までの足場かけ」となる活動もあります。すべて，子どもの「安心」に重点を置き，「自信」につなげ，最終的には「意欲」を持たせてステップアップさせていきます。目標は通常の学級で「安心」して学ぶことです。そして，私自身，次の出会いがあった時，また新たな指導法を考えていくことがあります。「多様性」を常に意識しながら，寄り添い指導していくのです。

　今回，本書を書く機会を頂戴することで，子どもの指導に関わる方に向けて，メッセージとともに指導法を伝えることができました。大変感謝しております。末筆ではございますが，提案いただいた明治図書の佐藤様にお礼を申し上げます。

著者　井阪 幸恵

【著者紹介】

井阪　幸恵（いさか　ゆきえ）

和泉市立国府小学校にて通級指導教室担当，特別支援教育コーディネーターを務める。特別支援教育士スーパーバイザー，COG-TR 学会理事，大阪コグトレ研究会代表。

通常の学級を担任しながら特別支援教育について長年研究し，特別支援学級担任，通級指導教室担当を経験。ビジョントレーニング，デイジー教科書に関する実践や研究も行ってきた。現在は，通級指導教室担当として，子どもたちへの指導の傍ら，通級指導教室担当者への研修や巡回指導を行っている。また，日本各地で研修会講師として，子どもに関わる方々に具体的な指導法を伝えている。

著書に，『社会面のコグトレ　認知ソーシャルトレーニング２　対人マナートレーニング／段階式問題解決トレーニング編』（三輪書店，共著），『対人マナーを身につけるためのワークブック―学校では教えてくれない　困っている子どもを支える認知ソーシャルトレーニング』（明石書店，共著），『うまく問題を解決するためのワークブック―学校では教えてくれない　困っている子どもを支える認知ソーシャルトレーニング』（明石書店，共著）がある。

特別支援教育サポートBOOKS

学びにくさのある子★応援　学習支援BOOK
学習の基礎　基本の国語・算数

2024年8月初版第1刷刊	Ⓒ著　者	井　阪　幸　恵
	発行者	藤　原　光　政
	発行所	明治図書出版株式会社

http://www.meijitosho.co.jp
（企画）佐藤智恵　（校正）武藤亜子
〒114-0023　東京都北区滝野川7-46-1
振替00160-5-151318　電話03(5907)6703
ご注文窓口　電話03(5907)6668

＊検印省略　　組版所　長　野　印　刷　商　工　株　式　会　社

本書の無断コピーは，著作権・出版権にふれます。ご注意ください。

Printed in Japan　　ISBN978-4-18-142327-8
もれなくクーポンがもらえる！読者アンケートはこちらから→